JN240969

時、見遙かして

舞鶴紀行

maizuru travelogue

中村亮太
NAKAMURA RYOTA

幻冬舎 MC

時、見遥(みはる)かして　舞鶴紀行

はじめに

古地図を眺めながら、街を歩く楽しみをおぼえたのは、二十代の頃だった。ある書店の「古地図まつり」という催しで、昭和八年版の「模範　新大東京全圖」なるものを買った。その古地図を趣味の東京散歩の道連れに、かつての軍の施設や工場、学校の跡地をめぐったら、往年の「東京市」を散策しているような、魅惑的な錯覚に引き込まれた。

街の過去を想い描きながらの散歩を、旅にした。

二〇〇〇年の八月、現在の中国東北部を、旧満洲国の主要都市の古地図だけを頼りに、一ヶ月をかけて北上した。大連から鈍行列車に乗り、瀋陽、長春、ハルビンへ、ハルビンから夜行列車を乗り継ぎ、チチハル、ハイラルを経て、ロシアとの国境の街、満洲里まで行った。中国の高度経済成長が始まる前だったこともあり、日本人が建設した商店街やホテル、集合住宅や駅舎などの旧跡が、街の至るところに手つかずのまま残されていた。

二〇〇六年の夏のサハリンの旅では、旧南樺太の豊原、大泊、真岡の市街地を、日本領時代の古地図を手に、鉄道とレンタカーでたずねた。

往時の施設や街の形を封印した古地図という水先案内書は、いつかの日本人が抱いた夢や理想、歴史的な快挙から、おびただしい過ちまで、すべてを引きくるめた先人たちの生の足跡へ、私を誘った。

今こうして、考え、思う、自分を、自分として成り立たせているもの。その礎は、どこまで遡って、探ることができるのだろう。

私は、人類の歴史上のいかなる時代を、生きているのだろう。

この国の近代史を総覧してみたいという大それた思いを携えて、二〇一七年の八月十二日から十五日まで、仕事の夏季休暇を利用し、舞鶴を旅した。

戦前の舞鶴は、海軍の街だった。

その港にはかつて、日露戦争の日本海海戦に勝利した海軍の艦船が華々しく凱旋した。敗戦後は、海外領土を追われた日本人が命懸けの帰還を果たした。

日本は、天皇陛下というかけがえのない帝を戴く国だ。戦前の日本人は、そのような君主国という意味あいよりも、有色人種国家の雄であり、世界に冠たる一等国との自負心から、この国を帝国と呼んでいた。

帝国日本の、夜明けと落日。二つの象徴的な光景を映し出した舞鶴は、近代日本の時空をめぐり、現在のこの国と、私の拠って立つ時代を明らめるのに、ふさわしい空間に思われた。

本書は、私の史跡探訪を時系列に記しながら、史実の回顧と歴史的事象の考察を織り交ぜた内容となっている。実際の紀行文と歴史の思索が多分に交錯しており、分量としては後者の記述が上まわっている。

本文中の市街地の建物などの描写は、二〇一七（平成二十九）年当時のものである。元号はまだ平成だったことから、平成という主語が多いことも、あわせてお断りしておきたい。

御縁あって、書籍として刊行させていただく機会に恵まれた。

拙著を手にとってくださった皆様に、この国の様々な先達たちの軌跡を、時の旅路を、私とともに歩んでいただけたら。

中村亮太

目　次

東舞鶴　八月十二日

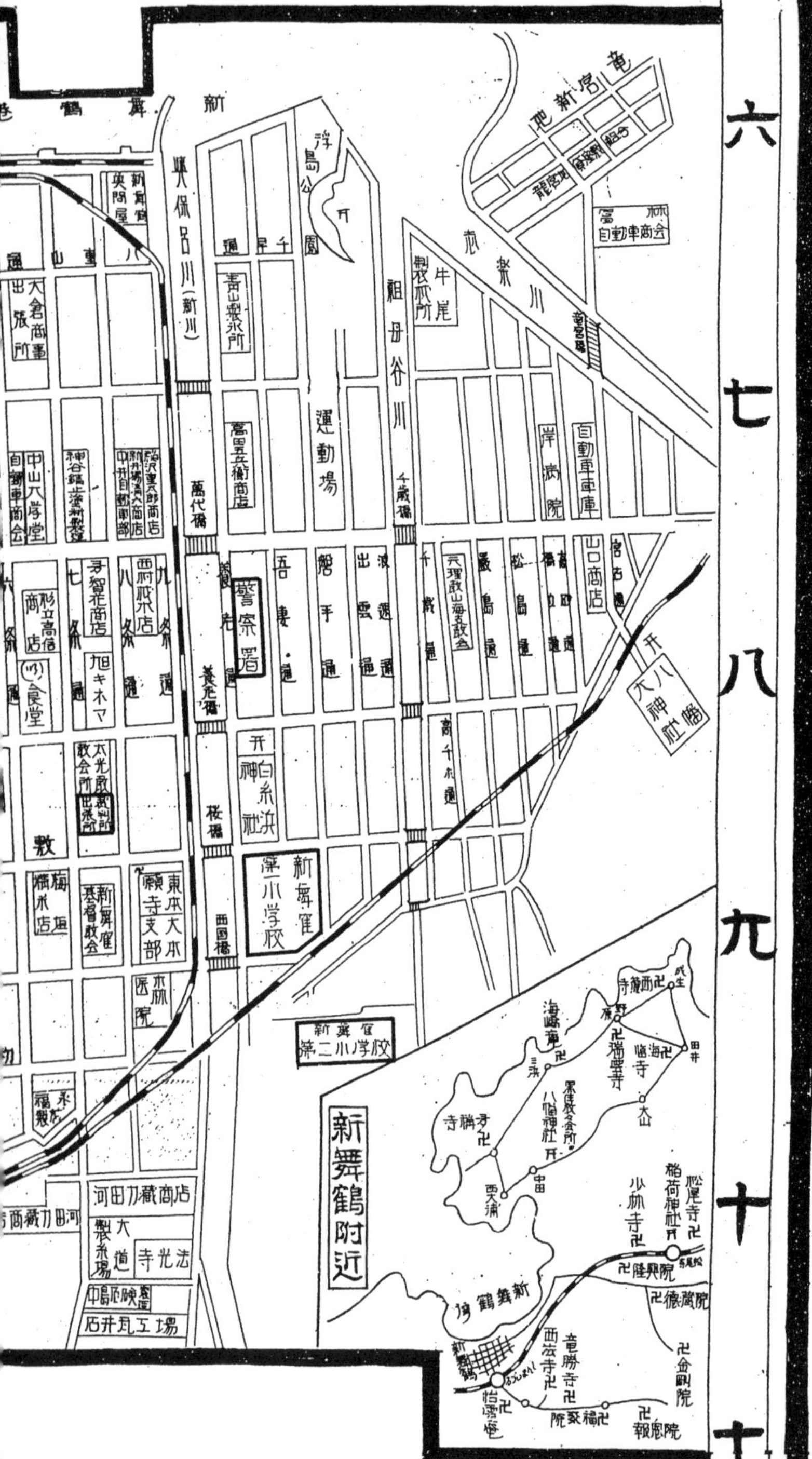

新舞鶴
竜宮新地
自動車商会
浮島公園
千早通
八重山通
大倉商事出張所
大保呂川（新川）
青山製氷所
牛尾製氷所
祖母谷川
志楽川
運動場
萬代橋
千歳橋
養老橋
桜橋
警察署
岸病院
自動車車庫
山口商店
吾妻通
船手通
出雲通
浪速通
千歳通
厳島通
松島通
宮古通
高千穂通
天理教山海支教会
七条通
八条通
九条通
旭キネマ
食堂
東本願寺支部
新舞鶴基督教会
白糸浜神社
八幡神社
新舞鶴第一小学校
新舞鶴第二小学校
河田力蔵商店
法光寺
大道製糸場
新舞鶴附近
新舞鶴駅
瑞雲寺
大山
田井
成生
野原
三浜
大浦
中田
松尾寺
稲荷神社
隆興院
徳蔵院
金剛院
報恩院
竜勝寺
六
七
八
九
十
十

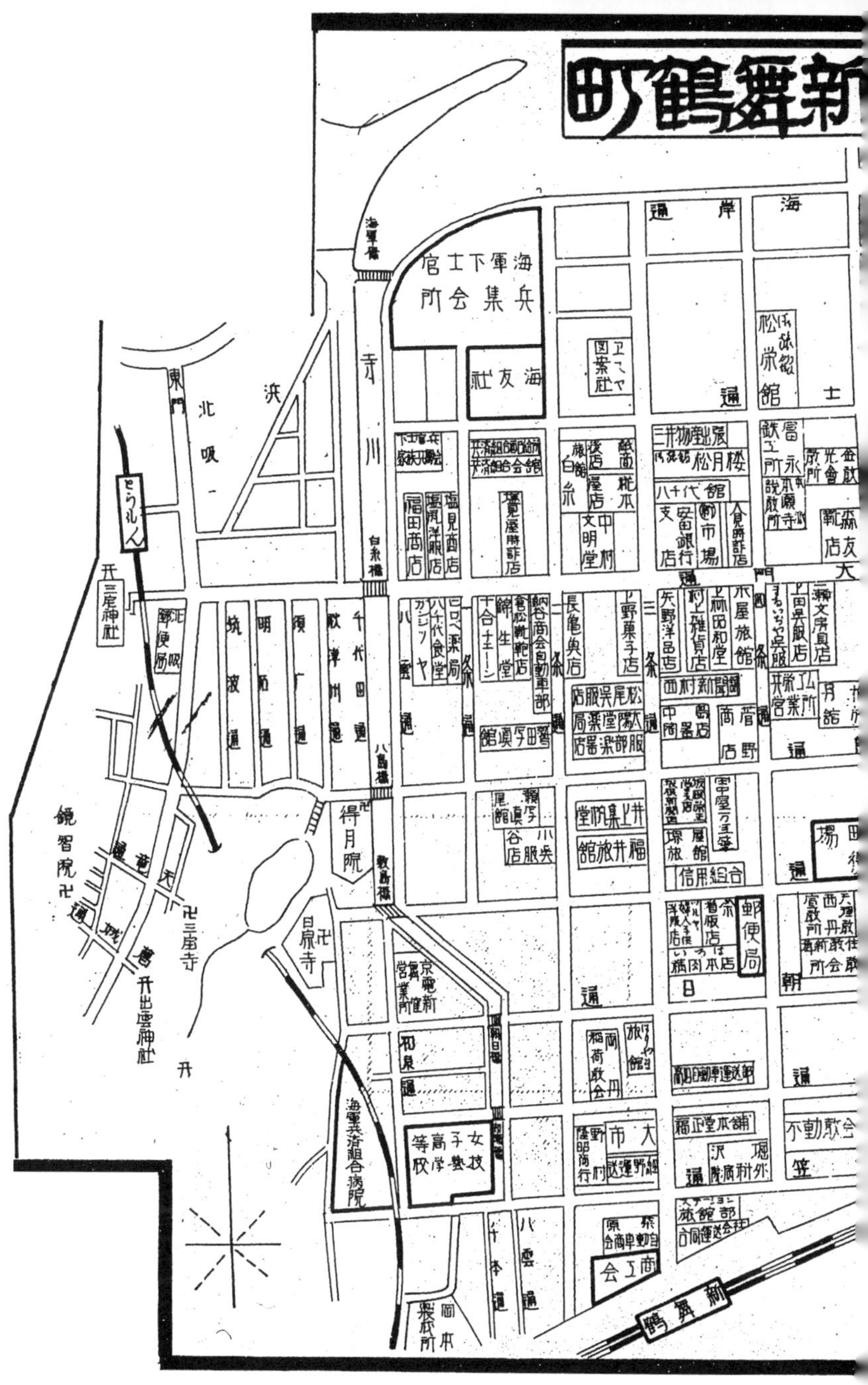

『昭和前期日本商工地図集成』（柏書房　1987.6）
第２期（大阪・京都・兵庫・奈良・和歌山・滋賀・三重）

街の東側を流れる与保呂川には、五つの橋が描かれている。南から西国橋、桜橋、養老橋、萬代橋。港に近い最北の橋だけ、なぜか図柄のみで名称の表記がない。

幅二十メートルほどの与保呂川に架かる目の前の橋は、「新舞鶴市街図」に記載されているのと同じ、桜橋の文字が親柱に彫られていた。とくに目を引く意匠もない、無機質な鉄橋だ。それほど古いものではない。

昭和八年版「新舞鶴市街図」は、手書きで作製された簡素な地図だ。少し丸みを帯びた字体で、施設や商店の名称を丹念に記した箇所もあれば、何の表記もない空欄の一画も目につく。分度器や物差しを使って引いたらしい区割りを示す線は、ところどころ折れ曲がってもいる。

私は旅に、訪れる街の古地図をよく持参する。古地図を眺めながらの街めぐりは、現在の光景に昔日の面影を重ねることができ、その街の幾星霜を旅しているような気分を味わえる。

愛らしい手工芸品のようなこの地図を頼りに、これより舞鶴をめぐりたい。

白糸浜神社は、「新舞鶴市街図」の表記と同じ場所、桜橋を渡ってすぐ左手の養老通り沿いにあった。古地図には、神社の南側の対面に「新舞鶴第一小学校」の表記がある。同じ場所は今、白糸中学校になっている。

鳥居の前で、リュックから絵はがきをとり出す。この界隈が新舞鶴という町名だった頃の、街中の景勝地の写真が裏面に貼付されている。旅に出る前に、神保町の古書店で見つけたものだ。

ビニールケースに入っていた五枚のうち、「舞鶴水交社」の写真の貼られた一枚は、おもしろいこ

絵はがき【新舞鶴白糸濱神社】

とに、郵便葉書として実際に使用された形跡があった。舞鶴海兵団に所属する鈴木さんという方が、東京府下豊多摩郡戸塚村の柴田さんという方に宛てた御自身の近況報告が、流麗な達筆でしたためられている。「大日本帝国郵便」の切手の下に「牛込　42・4・5」という消印があり、これらの絵はがきは、明治四十二年頃に市販されていたものと知れる。

「新舞鶴白糸濱神社」と題された、神社を正面から映した絵はがきの写真と、目の前の実景を見比べる。鳥居と社殿の形状が写真と少し異なっている。鳥居の脇の石造の社号標は同じもののようで、裏を覗くと「大正二年十月建立」の掠れた文字が読みとれた。

手水舎で手と口を濯（すす）ぎ、無人の境内を社殿まで進んだ。賽銭を入れ、御鈴を鳴らす。

手をあわせ、旅の充実を祈った。

今しがた東舞鶴の駅頭に降り立ち、駅前を東西に延びる三笠通りを東へ、南北にそよぐ与保呂川沿いのこの神社まで歩いてきた。駅

絵はがき【(新舞鶴名勝) 萬代橋】

からここまでは十分ほどだ。

途中に、三笠通りを起点に北へ走る通りを何本かすぎ、それぞれの道の先に直角に交差する辻を幾つか見渡した。駅の構内で見た市街図にも、与保呂川を越えたさらに東側一帯に、吾妻通りや厳島通りなど、古地図の表記と同じ名称の通りが南北に十本ほど延びていた。

軍艦の名を冠した通りが碁盤目状にめぐる空間は、軍都の発展とともに街が築かれた頃のままだ。

神社の前の養老通りを北へ。養老橋の架かる通りを越えた右手に、瓦屋根の古めかしい家屋が連なっていた。この一画は「新舞鶴市街図」に「警察署」とある。旧家から五十メートルほど行くと、萬代橋があらわれた。古の萬代橋の写真の載った絵はがきをとり出す。

川面に電柱と橋の欄干の影が滲み、袂の五人ほどの人だかりには幼い子供の姿もある。橋の中ほどを、着物姿の二人の女性が歩いている、モノクロ写真。

目の前の萬代橋は、中空に弧を描くアーチ仕様のものに変わっていた。石造の親柱だけは往古の風格がある。覗くと「昭和三十年九月竣工」の銅板がはめられていた。

「新舞鶴市街図」には、与保呂川沿いの西側に線路が描かれている。

線路は新舞鶴駅を始点に、川沿いを北の港へ向かって延び、最北の海岸通りを左に旋回し、南北に走る五条通りの突端辺りで終わっている。中途に駅の表示はない。物資を運搬する貨物線だったのだろうか。萬代橋を渡り、かつて鉄路が敷かれていた川沿いの歩道を気まぐれに往復してみたが、鉄道の痕跡はとくに見当たらなかった。

「新舞鶴市街図」は、東京の国会図書館に所蔵されていた原紙をコピーしたものだ。A3サイズほどの紙面に、同様の手書きの「中舞鶴町」、「舞鶴町」の市街図も併載されている。国会図書館に唯一保存されていた戦前の「三舞鶴」の地図で、用紙の端に「海軍検閲済み」の捺印がある。

古地図を探し出してくれた国会図書館の係員さんは、軍の施設があった街の地図ってまず存在しないですよ、秘匿されていた場所ですから、といっていた。この舞鶴の市街図はめずらしいものだと思います、とも。

舞鶴は、海軍の街だった。

艦隊の根拠地となる、大規模な軍港のみに設置される海軍鎮守府があり、国産の駆逐艦の建造を一手に担っていた海軍工廠（こうしょう）、海軍三学校の一つといわれた海軍機関学校もあった。

明治二十二（一八八九）年、日本政府はロシアのシベリア開発の脅威を受け、ウラジオストック軍港に対峙する日本海側に軍港の建設を企図した。湾口の狭さに比して、湾内域が広く、水深も深い、舞鶴港に白羽の矢が立った。ほどなく日清戦争開戦の情勢となり、佐世保軍港の建設が優先されたため、舞鶴軍港は明治三十四（一九〇一）年十月にようやく竣工した。同じ年に海軍舞鶴鎮守府が開庁し、舞鶴造船廠（後の舞鶴海軍工廠）も湾口に創設された。

外来の海軍関係者の居住域とするために、新たに築かれた街が、新舞鶴だった。

鎮守府、工廠、機関学校などの軍の枢要の施設は、新舞鶴から二キロほど西の中舞鶴に所在した。田辺藩ゆかりの古の城下町である舞鶴町とあわせ、新舞鶴町、中舞鶴町、舞鶴町は「三舞鶴」と称された。

昭和十三（一九三八）年八月の新設合併で、新舞鶴町、中舞鶴町、近隣の三村が統合され、東舞鶴市となり、舞鶴町も市政が施行され、舞鶴市となった。

昭和十六年十二月に大東亜戦争が開戦すると、東舞鶴市に集中していた海軍の諸施設は舞鶴市内へも拡張され、行政手続きを簡略化したい海軍は、両市の統合を要望した。行政側は、移住者中心の東舞鶴市と旧城下町の舞鶴市では住民気質が異なるとして、統合に難色を示したが、有事の最中だったこともあり、了承した。昭和十八年五月二十七日、東舞鶴市と舞鶴市は合併し、舞鶴市となった。

今日も舞鶴市内に「舞鶴」という駅はなく、「東舞鶴」と「西舞鶴」という二つの駅が存在するのは、海軍の街と古の城下町という、新旧二つの街が併存した近代舞鶴の歴史をそのままに伝えている。

養老橋の上を東西に延びている八島通りを、西へ行った。

通りはほどなくアーケード街に変わり、天井のスピーカーから、レゲエ風の陽気な音楽が鳴り響いていた。スポーツ店やアパレルショップ、「手作りコロッケ」の看板を掲げた総菜屋の並ぶ通りを、ご近所さんらしいラフな格好の人々が疎らに行き交っている。

アーケード街を抜けると、駅頭から延びる三条通りとぶつかった。街のメインストリートながら、車の交通量は少なく、人けもない。

三条通りの歩道を、駅方面の南へ行った。すぐの沿道に「海軍ホラー・ハウス・イン舞鶴」という、お化け屋敷のようなおどろおどろしい外観の店があった。窓には黒いスモークフィルムが貼られ、歩道から店内の様子は窺えない。と、前方からやってきた二人連れの若い女性が、ここだよ！ ここだよ！ と賑わしい声を上げながらその店に入っていった。話題沸騰中の店なのだろうか。「海軍」と謳っているのが気になったが、カフェイン中毒の私は、二軒ほど先に見えた喫茶店に自然と足が向いた。

ＺＡＲＤの曲が大音量で流れる店内に、お客さんはいなかった。入口近くの席に座り、カウンターから出てきた店主さんらしき男性に、メニューにある三種類のケーキについてたずねた。自家製だというチーズケーキとアイスコーヒーを注文すると、ご旅行ですか、と男性。優しい面差しが印象的な人だ。初見の客は旅行者が相場なのだろう。そうです、と答えると、年配の男性が店に入ってきて、店主さんらしき男性に親し気に声をかけた。その場でカツレツを注文したその人は、奥の席へ向かった。

読書が好きな私は、旅には必ず本をもっていく。今回は『舞廠(まいしょう)造機部の昭和史』（岡本孝太郎　文芸社二〇一四）という一冊を選んだ。

「舞廠」とは、舞鶴海軍工廠の略称で、舞廠の造機部という部署に勤務していた人が、戦後に書いた回想録だ。駆逐艦の建造に関する技術的な話題から、海軍と市井の人々の交流のエピソードまで、豊富に記されている。一度読み通していたのだけれど、舞鶴の地でまた繙(ひもと)きたくなった。

本を読みながら寛いでいた一時間ほどの間に、店内は常連さんらしいお客さんで賑わいを増した。

二杯目のアイスコーヒーを飲み終えたところで席を立った。会計を終えると、店主さんは笑顔で、おおきに、といってくれた。そう、舞鶴は京都府なのだ。

片側二車線の三条通りは、碁盤目の市街地を並行して走る他の通りよりも広い。「新舞鶴市街図」には、どの通りも同じ太さで描かれている。地図が作製された昭和八年の時点では、道幅は変わらなかったのだろうか。

『舞廠造機部の昭和史』に、三条通りは戦争末期に建物疎開が行われた、と書かれている。「建物疎開」と聞くと、建物ごとよそに移築するようなイメージが浮かぶが、そのような穏やかなものではなく、空襲による延焼を食い止めるために、指定した家屋をあらかじめ破壊してしまうというものだ。「家屋強制疎開」の紙を貼られた家の住人は五日以内に立ち退かなくてはならず、期限がくると、海軍陸戦隊や町内会の人々が柱という柱にロープをくくりつけ、強引に家を引き倒したという。更地になった跡地は、食糧難対策として畑地にされ、野菜などが植えられたらしい。

戦後に再開発も行われたのだろうが、現在の三条通りは、戦時中の建物疎開によって、結果的に道幅が広くなったのだろうか。

八島通りのアーケード街に戻った。

先ほど歩いた時、土産物屋らしき店を見かけた。早々にお土産を買ってしまおう。

目当ての店は、地元産の酒類や食材が豊富にとり揃えられていた。マツタケ昆布なるものを手にとって見ているど、初老の男性店員さんが、それね、人気商品で全国から発送依頼がありますよ、と関西訛りの口調で話しかけてきた。

勧められたマツタケ昆布と、レトルトの海軍カレーを数品、東郷平八郎をモチーフにした東郷ビールと、海上自衛隊のエンブレムの入ったゴールデンエールをそれぞれ五本ずつ、自宅に発送してくれるよう頼んだ。

東郷ビールを今飲んでみたくなり、レジ横の冷蔵庫から一本をとり出し、これ、すぐいただけますか？　とたずねると、ああ、栓抜きますよ、と会計をしながら店員さん。

口にした東郷ビールは、シャンパンのようなまろやかな味わいだった。口当たりが優しいでしょ。

はい、飲みやすいです。割引券あげてもしょうがないよね、これ代わりに、と店員さんはメモ用紙をサービスにくれた。

東郷ビールを片手に東へ、二つ目の細道を北に折れ、アーケード街を離れた。

「新舞鶴市街図」に「旅館」と記されている辺りは、公園になっていた。

北側の歩道端に小さな社がある。ささやかに賽銭を置き、中のお地蔵さんに手をあわせた。

静謐な園内のベンチに座り、東郷ビールを飲んだ。

北の港から吹きわたる涼風が、汗ばんだ体を撫ぜていく。

薄曇りの空に暮色が萌(きざ)していた。時刻はもう六時に近い。市街地をもう少しだけ歩いて、今日はこのままホテルへ向かおう。

かぐわしき舞鶴の

東郷ビールを飲み干し、公園の前の道を北へ。

駅前の住宅街と港寄りの一帯を南北に隔てる通りは、大型トラックも行き交う幹線道路だった。道路標識の西方向に「京都　綾部」の表示がある。

「新舞鶴市街図」を見ると、この通りは先ほど渡った萬代橋から延びている。古地図には「東大門通」と記載されているが、道路端の標識には「大門通り」とある。

通りを西へ向かうと、ほどなく「大門三条」という交差点で三条通りとぶつかった。信号を渡ったところで左に折れ、先ほどとは反対側の歩道から三条通りを駅方面へ向かう。歩き始めるとすぐに幹線道路の喧騒は遠のき、また寂とした静けさのうちに吸い込まれた。

対面の歩道沿いに、先ほどのお化け屋敷と喫茶店を眺める。原付バイクに跨った女性と、二匹の子犬を散歩させている女性とすれ違った。二つのリードを器用にあやつり、買い物袋を手に提げた女性が談笑している横を通りすぎる。予約しているホテルは、駅の反対側の南口にある。

通り沿いに、十メートルほどの高さの五階建てのビルがあった。界隈では目立って高い。カプセルホテルとサウナの看板が掛かっていたが、玄関の前にはゴミが山と積まれ、「売物件」の札が立っていた。

駅頭のケーズデンキの並びのローソンに立ち寄り、プレミアムモルツを買った。

三条通りは、駅頭から北の五条海岸までまっすぐに延びている。港から渡りくる海風を浴びながら、缶ビールを飲んだ。

ビールを飲み終え、駅舎をくぐり、南口のロータリーへ。

左脇の芝地で、親子連れがサッカーボールを蹴っていた。芝地の並びにドラッグストアがあり、敷地端の歩道に近い一画に、南口界隈の開発を記念した碑が立っていた。

――ＪＲの東舞鶴駅南側一帯は、市の中心地でありながら、広大な土地が荒廃し切って、手のつけられない状態であった――、――国と京都府、舞鶴市の協力で、平成二十四年に立体交差点事業を完成させた――と碑文に書かれている。

今、ドラッグストアの正面にはショッピングセンターがあり、並びにはマンションが立っている。東側の鉄道の高架下には、アンダーパスの車道も開通している。

手がつけられない、とまで書かれているのだから、明治以降に市街地として発展したのは駅の北側だけで、南側は近年にようやく開発が進んだということなのだろうか。

予約していたホテルは、ドラッグストアの裏手にあった。縦長の建物は玄関の間口が狭く、全体的にミニマムな構造ながら、屋内は清潔感に溢れていた。フロントの男性従業員さんの話し方に、やはり柔和な関西訛りがあった。

部屋で旅装を解き、少し寛いだ後、『舞廠造機部の昭和史』だけを手に、フロントに向かった。先ほどの従業員さんにお勧めの居酒屋をたずねると、ホテルから五分ほどのレンタカー屋の近くにあるという海鮮系の店を紹介された。

八島通りと大門通りにも、気になる居酒屋を何軒か見かけた。東舞鶴には二日後にもう一泊する。その晩は港に近いホテルを予約してある。駅の北側の飲み屋には最終日に行くことにしよう。

ホテルを出ると、闇色が満ちていた。

駅前の通りを西へ。紹介された店は、ご近所さんの集いそうな小料理屋の風情だった。

カウンターのなかに女性が一人おり、正面の席に男性客が座っていた。

男性から少し離れた一席を勧められる。手書きのメニューから、生ビールと刺身の盛りあわせ、カンパチの塩焼きを頼んだ。

どちらからいらしたんですか、と女性。

土地の人間ではないとすぐにわかるのだろう。東京です、というと、あら奇遇ね、お隣の方もそうなんですよ、と正面の男性を示した。話を向けられた男性は、私、東京の人間なんですけど、今出張で大阪に来てまして、と手短に自己紹介をした。

時間を見つけては、原付バイクで関西圏をめぐる旅を楽しんでいるというその人は、聞けば私と同じホテルに泊まっていて、やはりこのお店を勧められたという。

別にな、うちを紹介してくれてホテルの人に頼んでるわけやないねんけど、何でか紹介してくれる、と女性は笑った。

奥から暖簾をかき分け、長い髪を束ねた女性がカウンターにあらわれた。私がTシャツの左の袖に煙草を包んでいるのを見て、それ何してはるの、と髪を結った女性。

煙草をジーンズのポケットに仕舞うと、箱がクシャクシャになっちゃうからこうしてるんです、というと、おもしろい煙草のもち方やね、初めて見た、と髪を結った女性は笑った。つづけて、何で舞鶴に来はったんですか、何もないとこでしょう。

昔の軍の施設があった場所とか、そういうところを見てまわるのが好きなんです、と私。と隣の男性が、今までどんなところに行かれたんですか。

私は、過去に旅した旧満洲や沖縄のことを話し、男性には、これまで原付バイクで訪れた街のことをたずねた。

明日、旧中舞鶴方面を散策することを伝えると、女性お二人は、街の中心部の運動公園に、昔の中舞鶴線の機関部が展示されていると教えてくれた。

ひとしきり話を終えたところで、隣の男性がお愛想を頼んだ。

髪を結った女性は、お二人が舞鶴に来てくれたことがほんまにうれしい。こんな京都の片田舎によう来てくれて、と微笑んだ。

店を出た男性と入れかわるようにして、常連さんらしい年配の男性が三人ほどたてつづけに入店してきた。賑わいを増した店内で、私は本を読みながら、濁り酒を二杯飲み、締めにそうめんを食べた。

ごちそうさまでした、と会計を頼むと、女性お二人は関西弁のイントネーションで、ありがとう、とかわいらしく笑った。

ホテルの人がこの店を紹介する理由がわかる気がした。土地の素朴な香りが、かぐわしいからだ。

部屋に戻ると、シャワーを浴び、すぐにベッドに横になった。

明日は、古の軍都まで歩き通しの一日になる。

ベッドで『舞廠造機部の昭和史』のつづきを読みながら、瞼が重くなるままに眠りについた。

中舞鶴　八月十三日

鉄道幻影

感謝したくなるような、蒼空だった。

どこまでも歩いていける、そんな高揚感に満たされながら、東舞鶴駅前の三笠通りを西へ向かった。かつての中舞鶴線の線路跡は、今は遊歩道に整備され、三笠通りの途中から北西へ延びている。中舞鶴線は、戦前は軍民共用列車として、新舞鶴から軍事施設の密集する中舞鶴まで走っていた。戦後も昭和四十七年十一月の廃止まで、地元民の足として活躍した。

今日は、失われた鉄道の軌跡を辿って、古の軍都の中心部をめぐろうと思う。

三笠通りは、駅頭から三百メートルも行くと徐々に道が狭まり、山麓の三笠小学校の門前で唐突に終わった。途中の遊歩道の始点を見落としてしまったらしい。ホテルでもらった「東舞鶴市街図」に目を凝らし、通りを引き返す。

舞鶴共済病院の建物脇から延びている小道がそれのようだった。遊歩道の始点に、線路跡を示す説明板が立っているものと思い込んでいた。それらしいものが目にとまらなかったので通りすぎてしまった。

遊歩道は、緑樹の滴る西の小山に沿って延びていた。

歩き始めてすぐに、正面から走ってきた自転車の男性に、こんにちは、と声をかけられた。すれ違うほんの一瞬のことで、慌てて、こんにちは、と返したが、先方さんに聞こえたかどうか。東舞鶴は小さな街だ。地元の人は、初見の人間をすぐに旅行者と解すのだろう。ちらと見えたお顔からして、年配の方だった。迎意への返礼が届いていたらいいのだけれど。

東側の住宅街の細道から、何組もの喪服姿の家族連れが遊歩道に立ち入ってきた。懸崖を見ると、叢（くさむら）のあちこちに墓石が覗く。お盆の墓参りらしい。

正面に、黒ずみを帯びた荘重な煉瓦造りのトンネルがあらわれた。上部中央の「北吸トンネル」というそこだけ真新しい名称板が、煉瓦全体の褪色を際立たせている。真っ暗で冷気の充満した内部は、すでに汗ばんでいた体に心地よい涼だった。百メートルほどのトンネルを抜け、出口の煉瓦塀を振り返ると、右隅に「登録有形文化財　文化庁」というプレートがはめられていた。

今度の旅に持参した、もう一枚の古地図をリュックからとり出す。「昭和十八年版　舞鶴軍港測量図」。

舞鶴湾港と陸地部分の地形を、鳥瞰的に網羅した尺度の大きな地図で、新舞鶴の市街地から中舞鶴までの経路、軍事施設の名称も記されている。ここからは「新舞鶴市街図」と「舞鶴軍港測量図」を頼りに歩こう。

「測量図」には気になる表記がある。北吸トンネル付近の南側の小山に「忠魂碑」の文字がぽつんとあるのだ。この碑は今も存在するのだろうか。

線路跡はトンネルを抜けた先を西に湾曲して延びていたが、一旦、遊歩道を逸れ、南の山麓沿いの隘路を行ってみることにした。忠魂碑へ至る登山道の入口が見つかるかもしれない。

幅二メートルほどの隘路は、軒の低い人家と小山の間をくねりながら延びていた。東側の山裾の一隅に、間口一メートルほどの穴が穿たれていた。なかを覗くと、土砂が堆積していて奥までは見通せない。すぐ先にまた同じような穴があらわれた。こちらの穴の前には、立ち入れないようにロープがめぐらされていた。

かつての防空壕だろうか。『舞廠造機部の昭和史』によれば、戦時中は各町会の主導で山裾に公共退避壕が掘られたらしい。防空壕ならば、内部はかなりの人数が身を潜められる広さがあるのかもしれない。

三十メートルほど行くと、山裾に「真宗　三宝寺」という寺があった。

門前の石段の隅に、女の子が蹲るように座っていた。脇に松葉杖が置いてある。気になったが、声をかけずに門をくぐった。

数メートルほどの短い参道の先に、切り立つ山裾に圧されるような格好で、本堂がわずかばかりの平地に窮屈そうに立っていた。左手の一画に、幽冥界の情緒に不釣りあいな、トーチカのような殺伐とした構造物がある。コンクリート製で、間口、奥行きともに二メートルほど、高さもそのくらいだろうか。入口は錆びた鉄の扉に閉ざされ、扉の上部から五十センチほど出っ張った庇に、判読できない漢字が羅列されている。奇妙なのは、扉を塞ぐような形で、底部から庇まで斜めに設えられた直方体のコンクリート塊だ。こちらには「昭和十一年九月開山彗光院作之」と刻まれている。建物脇の階段をのぼってみると、頂部一帯は緑色の苔に覆われていた。

奇妙なこの構造物は何なのだろう。と、本堂から出てきた親子連れと目があった。見かけない人間が妙なことをしていると訝しんだに違いない。さりげない風を装って階段を降り、そそくさと寺を出た。

女の子はまだ門前に蹲っていた。大丈夫ですか。耳元に声をかけると、女の子は同じ姿勢のまま小さく頷いた。どっか痛むんですか、と問うと、首を左右に振った。どうしたものかと戸惑ったが、女の子は顔をあげる様子がないので、その場を後にした。

隘路は鳥居の前を直角に曲がり、先の県道に通じている。神社の端から山腹へ向かってけものみちが延びていたが、遊歩道の本筋に戻ることにした。今日はどれほどの距離を歩くことになるかわからない。ここは体力を温存することにし、登山道探しはあきらめた。

隘路を抜けた先の県道には、瓦屋根の古風な人家が連なっていた。

右手のアパートの植え込みに、黒く褪せた四角い石が置かれている。高さ、奥行きは約二十センチ、底面の横幅は七十センチほど。背後の説明板に「歴史を刻んだ敷石」とある。

かつて東郷平八郎が、初代舞鶴鎮守府司令長官として赴任した際に、官舎が完成するまでの間、この界隈の人家に仮住まいし、その家の庭で使用されていた敷石だという。東郷平八郎が縁側から庭へ降りる時に、足場として用いていたもののようだ。

東郷平八郎は、海軍連合艦隊司令長官として日露戦争にのぞみ、日本海海戦で海戦史上空前の圧倒的完勝を遂げ、世界史にその名を刻んだ軍人だ。

バルチック艦隊との決戦で、東郷艦隊が開距離八千メートルで行った二直角大回頭は、世界の海軍人から「トーゴー・ターン」と讃えられた。戦後の日本でも「軍神」と謳われ、生きながらにして畏敬の存在となった東郷は、昭和九年五月三十日に八十六歳で鬼籍に入ると、生前の謂われのままに「神」になった。昭和十五年に創建された「東郷神社」は、平成の世にも東郷平八郎の盛名を伝えている。

東郷が初代司令長官を務めた海軍舞鶴鎮守府は、明治三十四（一九〇一）年十月に、舞鶴軍港の竣工とともに開庁した。

軍港の監督機関は、軍港の規模によって、鎮守府、警備府、要港部の三段階に分かれた。鎮守府は、兵員の徴募、訓練、補給施設の管理、作戦の立案など、軍政と軍令の両面を司り、艦隊根拠地となる大規模な軍港のみに設置された。最高レベルの監督機関の鎮守府は、全国の数ある軍港のなかで、横須賀、呉、佐世保、舞鶴の四港にしかなかった。

東郷の鎮守府司令長官の在任期間は、二年余りと短い。日露関係の窮迫を受け、開戦二ヶ月前の明治三十六年十二月に、連合艦隊司令長官に転任したからだ。

海軍大臣の山本権兵衛は、日露開戦の際は、国家の命運を担う連合艦隊司令長官の顕職を、東郷に託すことを決めていたという。

当時の政官界の役職は、すべて薩長土肥閥の藩閥人事で成り立っていた。東郷も山本と同じ薩摩藩出身だったが、山本は同じ薩摩閥ゆえに、東郷を連合艦隊司令長官という花形ポストに就けたわけではなかった。

山本は、明治二十六年に海軍の機構改革を行い、薩摩閥の将官、佐官九十六名に一斉に退職を申し渡し、代わって海軍兵学校出の将校を第一線に配置した。同郷人を優遇せず、能力を重視する人事は、当時の基準では英断に値するものだった。

山本と軍令部長の伊東祐亨は、軍事的才覚以上に、東郷の国際感覚に信頼を寄せていた。

東郷は十年前の日清戦争に、巡洋艦「浪速」の艦長として従軍している。東郷の指揮する「浪速」は、緒戦の豊島沖海戦で、清国兵千百人と清国軍の兵器を運搬していたイギリスの民間汽船「高陞（こうしょう）号」を撃沈した。

イギリス国内では、自国の民間商船を沈めた日本海軍を断罪する世論が沸騰した。日本の朝野も狼狽をきわめた。世界に冠たる大英帝国の民間船を沈めたとあっては、イギリスからいかなる報復を受けるかわからず、戦争の帰趨にも計り知れない悪影響を及ぼす。

高陞号事件は、ジョン・ウェストレーキ、トーマス・アースキン・ホーランドといったイギリスの名だたる国際法学者が、東郷艦長の撃沈指令は戦時国際法のいかなる条文に照らしても適法、と世界に公言したことから、イギリスの反日世論は鎮まり、一転して東郷の高い国際法の見識が称賛された。

東郷は、明治四年から八年間、海軍士官としてイギリスに官費留学し、商船学校で英語と航海兵科を学び、国際法の習熟にも努めた。

外交問題を軍事力で解決できる国家が、一等国とみなされていた時代だった。

日清戦争は、近代世界に参入した日本が、欧米列強国から等し並みの近代国家として承認されるための最初の本格的な対外戦争だった。勝算と戦費調達の見通しの立たないまま開戦を決断した日露戦争も、既成の国際秩序のなかで、日本の国家的地位を向上させることを命題としていた。

その意味で、日清、日露戦争時の日本には、戦時国際法という絶対規範があった。日露戦争の連合艦隊司令長官に、戦争の国際ルールに通暁した東郷を起用したことはきわめて戦略的だったし、従軍した多くの指揮官も、戦争の背後に欧米諸国の存在を強く意識していた。

昭和の大東亜戦争は、明治以降の近代日本が適応を図りつづけてきた、国際秩序そのものの刷新を目的としていたといえる。軍人だけでなく、大多数の国民も主観的にそのように捉えていた。

大東亜戦争にのぞむに当たり、日本人が拠って立つべき新たな規範とは何だったのか。日本人はその倫理感覚に正しくひらかれることができなかったというのが、私の見立てだが、大東亜戦争のことは追って語りたい。

東郷平八郎が足を乗せたという敷石の表面を、手でさすってみた。

東郷は、鎮守府司令長官として舞鶴に赴任した時、五十三歳だった。自らの軍歴はここで終わるものと思っていたらしい。仮官舎の人家に入居し、この敷石を踏んで庭に降りた東郷は、後に自らの名が世界史に刻まれることなど、夢にも思わなかっただろう。

雄々しき情景

遊歩道に合流し、西へ。

南側の山麓に「三宅神社」という社号標が立っていた。歩道から山の上の社殿に向かって急勾配の石段がのびている。この神社は「測量図」には載っていないが、「新舞鶴市街図」には記載がある。かつての海軍の諸施設は、この神社から西へ、北の港側と南の小山に大々的に展開していた。民間人はここより西へは、中舞鶴線に乗車しての移動以外は、通行を禁じられていた。

「測量図」には、北の港側に「海軍工廠軍需部」の表記があり、施設の棟を表す四角い箱型の模様が幾つも描かれている。施設の前に「東門」の文字がある。軍需部への入場口であり、検問所でもあったのだろう。

「新舞鶴市街図」には、その「東門」の近くに中舞鶴線の「とうもん」という駅が記されている。この駅の位置は今、遊歩道の右手にあるセブン‐イレブンの辺りとおぼしい。

セブン‐イレブンに寄ってコーラを買い、喉を潤しながら、店の敷地周辺を散策してみたが、駅の痕跡はとくに目につかなかった。

遊歩道はほどなく国道二十七号線と合流して終わった。

二十七号線は、京都市街まで延びる幹線道路だ。東舞鶴の市街地界隈では、昨日少し歩いた大門通りと称されている。「測量図」によれば、これより先の中舞鶴線は、この国道の山麓沿いを、中舞鶴の市街地までまっすぐに鉄路が延びていた。

北側に赤い煉瓦の建物が幾棟とあらわれた。建物の間を行き交う大勢の人の姿が見える。「測量図」に「兵器庫」と記載されたあの煉瓦棟は今、「舞鶴赤れんがパーク」という観光名所になっている。

盛大にたなびく群青が見えた。

港だ。

夏雲を張りめぐらした空から、陽光が眩暈をおぼえるほどに白く零れている。

歩を進めるたびに、汗の伝う全身を潮風が幾重とくるむ。

にわかに、気分が浮き立つ。

もう何度目だろう。また出会うことができた。

いつまでも、歩きつづけたいと願う道に。

それはいつも、忽然とひらかれる。逸(はや)る思いのままに行くと、どこかでかりそめに終わる。時を違え、新たに訪れた別の土地で、ふいにそのつづきと邂逅する。陶然と歩むうちに、まだ先のある余韻だけを残し、また閉じる。

私の記憶のなかには、時間も場所も季節も超えて、遙かしいひとすじをなした道がある。旅をつづけるかぎり、果てしなく延びていくだろう、この道のつづきと、舞鶴でも出会うことができた。

戦前は、軍事施設の密集するこの区間は、線路沿いに延々と遮蔽材がめぐらされ、中舞鶴線の車内から屋外の景観は一切眺められなかったという。

「海軍の街」や「軍都」と聞くと、今日の時世からは物騒な響きがあるけれど、舞鶴の住民は、軍事施設の象徴である舞鶴鎮守府を、親しみを込めて「舞鎮」と呼び、舞鶴海軍工廠を「舞廠」と呼んでいた。

明治三十四年十月、舞鶴軍港の竣工にあわせ、舞鶴造船廠が創設された。当初は、艦艇の修理や小型雑舟艇の建造を担う小規模な施設だったため、造船廠という名称だった。

明治三十六年十一月に、兵器廠と需品庫が加わり、軍艦の建造も可能となったことから、舞鶴造船廠から舞鶴海軍工廠に改編された。「廠」という文字は今日では馴染みがないけれど、造船廠とは造船所、工廠とは工場のことだ。

舞鶴海軍工廠は、三十八年に駆逐艦「追風」を起工して以来、駆逐艦専門工廠としての歴史を歩んだ。駆逐艦は艦隊決戦の際、先陣を切って敵艦に迫り、魚雷を発射する攻撃的な艦艇だ。速力を身上とし、小型で軽量、防御性能も低い分、乗員の士気が決死的に高まる軍艦だった。

大規模な海軍施設の建設は、いわば国主導の公共事業だ。舞鶴にやってくる軍人や職工、この人々の家族のもたらす総需要は、住宅や道路、学校などの社会インフラに加え、新舞鶴という新たな街を造りあげた。

市井の人々は、地元経済を支える海軍の施設と海軍人に、格別な思い入れを抱いていた。

連合艦隊が入港した折には、三舞鶴の住民は、街を挙げて歓待した。

二万四千人を超える艦隊将兵の滞在中の宿泊先は、ほとんど一般の民家が受け入れた。

海軍記念日などの慶事には、軍人と住民が一緒に街を祝賀行進した。海軍主宰の相撲大会や運動会もたびたび開かれた。

催事では、戦闘機が一般公開された。駆逐艦の魚雷試演発射や、水上機の宙返りなどの高等飛行も披露され、見物の親子連れは、迫力満点の妙技に拍手喝采を送った。

舞鶴の人々にとって海軍は、暮らしを彩る、雄大な風景だった。

蒼茫の下の二十七号線は、右に大きく旋回した。

カーブの途中の山側に、「マリンボウル」というボウリング場があった。吹き抜けの駐車場から、背面の山の懸崖がわずかに覗き、山裾の一画に色褪せた煉瓦塀が見えた。

駐車場を横切り、傍まで行ってみると、高さ三メートルほどの煉瓦は白く変色し、二メートルほどの間口を塞ぐ木製の扉は、朽ちかけて斜めに傾いていた。扉の隙間からなかを窺うと、内部は思いのほか狭く、土砂やゴミが散乱していた。

ボウリング場と山の傾斜の間に、幅五十センチほどの排水溝がある。「測量図」の同じ地点には、軍需部から小山の中腹の「艦材置場」まで水路が延びている。排水溝から先の水路は今、コンクリートで埋められている。山の上の艦材は、かつてここにあった水路を通じて軍需部まで運搬されていたのだろう。煉瓦塀に囲われたこの空間は、その作業のための事務所か、艦材の仮置き場だったのかもしれない。

二十七号線の歩道に戻り、再び西へ。

国道の信号機に「自衛隊桟橋」の表示。

銀色に燦(きら)めく港湾に、鈍色(にびいろ)の艦艇が碇泊している。自衛隊の護衛艦だ。

港には、大勢の観光客に混ざって、青い迷彩服を着た自衛官の姿もある。護衛艦は一般人も見学できるようだ。

舞鶴湾をめぐるクルージング船は、この港から出ているのだろうか。

平仮名の「ら」の字のようといわれる独特の地形の舞鶴湾内をめぐるクルージング船からは、かつての海軍工廠の船渠も眺められるらしい。

山裾の叢に「赤れんが配水池（旧海軍第一配水池）」という看板があった。

「測量図」にも同じ箇所に「貯水場」とある。軍港の周辺には、様々な施設が付随して造られていた。「貯水場」は、艦艇に飲料水などの真水を供給するための施設だろう。

港の西側から、半島の緑樹が鮮やかに迫る。

かつて工廠の枢要な施設が展開していた半島の湾に近いエリアは、今「ジャパンマリンユナイテッド」、通称JMUという造船会社になっている。湾内に〈wisdom line〉と船腹に書かれた巨大なタンカーが二隻、停泊している。

工廠の時代に、日露戦争で活躍した重巡洋艦「吾妻」が係留されていたのは、この辺りだろうか。「吾妻」は現役を退いた後も、海軍思想普及艦という名目で、長らく舞鶴港に留め置かれ、衆目を集めていたという。

「吾妻」は日露戦争時、上村彦之丞司令長官の第二艦隊第二戦隊の三番艦だった。上村戦隊はバルチック艦隊との決戦で、敵艦に致命的な集中弾を浴びせたことから、戦後に勇名を馳せた。

「測量図」には、半島の東側一帯に、海軍工廠の逆コの字型の諸施設が描かれている。「造兵工場」が幾棟と並び、半島の突端に向かって「船台」、「起重機」、「第二船渠」、「第三船渠」とつづく。

南の山側に、「海上自衛隊舞鶴総監部」があらわれた。「測量図」の同じ場所には「病院」、「機関学校」の表記があり、箱型の校舎が幾棟と描かれている。

詰所と立番所に、青い迷彩服を着た自衛官が立っている。露天のエントランスは二股になっていて、左のスロープの先がかつての「機関学校」の敷地だ。今はその一画に「海軍記念館」があるはずだが、記念館の見学は後にし、工廠裏手の鎮守府と水交社の跡地を先にまわることにする。

歩道を港側に渡り、かつての海軍工廠、現「ジャパンマリンユナイテッド」の正門前に出た。正門の間口はゆうに十メートルはある。門前の踊り場の敷地も十五メートル四方はあるだろうか。トレーラーが十分に転回できる広さだ。

戦後、海軍工廠の廃止が決まった時、工廠の職工たちは、跡地を造船会社に再利用されることを望んだという。船舶業界と無関係の資本に所有され、工廠の施設が跡形もなくとり壊されることを憂えたらしい。

関係者の願いは叶い、舞鶴海軍工廠をはじめ、戦前の全国の工廠の多くは、造船会社に引き継がれ、旧工廠の職工たちも再雇用された。彼らは、平和産業に衣替えした新たな造船の現場で、軍艦の建造で培った技術を、タンカーや商船の建造に発揮した。

造船業は、焦土から出発した日本経済の牽引役を担った。戦後間もない時期から、日本の造船業が海外から造船を受注するほどの高い水準にあったのは、戦前戦中に、同じようにこの国のために、軍艦を造りつづけた技術者の存在があったからだ。

遺された古樹

正門前の歩道に、東舞鶴方面行きのバス停があった。時刻表を見ると、次の便は十三時五分、その次は十七時台だった。スマホの時刻は今、十一時を示している。

炎天下をここまで、一時間ほど歩いてきた。疲労はさほど感じていないが、途中から靴ずれの痛みが少し気になっていた。帰路は東舞鶴駅までバスで戻ろうかと思い、時刻表を覗いたのだけれど、今日の旅路はここからが佳境だ。次の便までに散策が終わるはずはなく、といって十七時の便では待ち時間が長すぎる。帰りも、潮風を浴びながら二十七号線を歩こう。

正門をすぎ、「ＪＭＵ」の敷地の裏の坂道を上った。

西側の樹林に囲まれた高台に、団地を仰ぎ見る。自衛隊の官舎だ。かつてはあの場所に、海軍舞

絵はがき【舞鶴水交社東宮殿下御宿泊所】

鶴鎮守府の壮麗な洋館がたたずんでいた。

坂道は、沿道の「セレモニーホール」と「建設会館」をすぎたところで二股に差しかかった。正面に緑地が、左手に児童公園がある。駐車場を挟み、奥には自衛隊の官舎が立ち並んでいる。

緑地の入口付近に、乳白色の洒脱な門があった。

間口二メートルほどの左右の門柱から、コンクリートが地面に向かって斜めに曲線を描いてのびている。門の右下隅に、高さ三十センチほどの石柱があり、「水交社」の黒い文字が刻印されていた。まだ光沢もあるこの石柱は、わりと近年に設えられたものだろう。

かつての水交社の跡地には、往時の正門だけが残されていた。

リュックから「舞鶴水交社」の写真の載った絵はがきをとり出す。表の面に、舞鶴海兵団の鈴木さんの筆跡のある一枚だ。

正門の左側に日の丸が掲揚され、門前に二

人の衛兵が立っている。円形の中庭の奥に立つ水交社の二階建ての洋館は、窓の上部に三角形のペディメントを配したモダンな造りだ。

意匠を凝らした正門と、旧海軍の施設跡であることをささやかに示すこの石柱以外に、昔日の様子を伝えるものは何もなかった。

水交社は、士官以上の海軍人の福利厚生のための外郭団体だった。旅館や喫茶店も経営していたらしいが、利用できたのは幹部クラスの、いわゆる高級軍人にかぎられた。現代ならば、無駄な法人の代表格としてすぐにも廃止の声が上がりそうだが、官尊民卑の時代ならではの組織だったといえるだろうか。

水交社の建物は戦後、連合軍に接収され、海上自衛隊の前身の海上警備隊が一時使用した後に、老朽化を理由に解体されたという。

水交社と鎮守府の建物は、戦時中に空襲で損壊している。舞鶴軍港への最初の空襲は、昭和二十年七月二十九日だった。

土佐沖に遊弋(ゆうよく)する米機動部隊から発艦した一機の艦載機が、軍港上空を飛行中に、五百キロ爆弾一発を気まぐれのように投下した。この一弾で、工廠の技手、工員、勤労動員中の学徒と引率教師たち、九十名が亡くなった。

本格空襲は翌三十日だった。米軍艦載機二百三十機は、舞鶴湾を含む近隣の宮津湾、伊根湾、小浜湾に停泊する艦船を攻撃目標に、早朝から夕刻まで数波にわたって爆撃を行った。船のマストすれすれまで急降下する爆撃機に、舞鶴湾内の艦船は、高角砲や機銃で応戦したが、ほとんどの艦船が撃沈されてしまった。夕刻に米軍機の去った湾内は、船の墓場のような惨状だったという。

この時、被災しながら全壊を免れた鎮守府の建物は、戦後、水交社と同様に米軍に接収された。昭和三十年代まで残されていたようだが、やはり老朽化のために解体されたという。

写真で見るかつての鎮守府は、緑樹に囲まれた天空の邸のごとき趣をたたえている。凛々しいたずみを、文化財として後世に残すことはできなかったものだろうか。

かつての水交社の門をくぐり、公園に立ち入った。近くのジャングルジムでお父さんが女の子を遊ばせていた。

砂場の正面の植え込みに、三メートルほどの高さの松が聳えている。脇に、水交社の門の傍らにあったものよりも古めかしい石柱が立っている。植え込みに近づき、腰を屈めて覗き込むと、「皇太子殿下御手植松」、「明治四十年五月十二日」と彫られていた。

大正天皇が皇太子時代にここを訪れ、植えられた松らしい。明治、大正、昭和、平成という四つの御代を、空襲の戦禍をもくぐり抜け、今に息づく松なのだ。

公園を出ると、右手に、先ほど見上げた鎮守府跡の高台へつづく小道が延びていた。小道と、今上ってきた坂道の狭間の三角地帯に、小高い丘が隆起している。その丘の前に「海上自衛隊・舞鶴赤れんがパーク周辺案内図」と書かれたカラーの説明板が立っていた。

舞鶴湾の周辺一帯が図面化され、湾の東側の「赤れんがパーク」、湾中央の「自衛隊桟橋」、「北吸配水池」、西側の「海軍記念館」などの観光名所の所在地が記されている。

「現在地」を示す赤い表示の傍に「東郷邸」の文字がある。毎月第一日曜日・十時から十五時まで一般公開、と書かれている。今日は残念ながら第二日曜日だ。

鎮守府跡へつづく小道を行くと、道は叢を挟んですぐに二股になった。叢に水交社の門の脇にあったものと同じ石柱が覗く。「東郷元帥遺跡　旧長官邸」と彫られている。右の脇道を行くと、閉じられた木の門があった。隙間からなかを覗くと、軒の低い日本家屋が見えた。東郷平八郎が、連合艦隊司令長官に転任するまでの約二年間居住した、鎮守府司令長官の官舎。

叢の分岐まで戻り、二股の左手の緩やかな坂道を行った。途中の右手に「東郷邸」へ至るもう一つの脇道が延びていた。休館日だからか、進入禁止を示すチェーンが下がっている。

かつての鎮守府の敷地の手前に、「国有地につき　無断で立ち入ることはできません　管理者　海上保安学校」という立て札があった。対面の植え込みに、また例の石柱がぽつんとある。「海軍鎮守府司令部跡」、「平成四年十一月建立」と刻まれている。界隈に点々と見かけるこの石柱は、二十五年前に設えられたものらしい。

三角地帯の丘を挟む分岐点まで引き返した。丘の傾斜に木製の階段がある。上ってみると、下の道から五メートルほどの高さの頂部は思いのほか広く、木陰に覆われた涼しげな空間にベンチが二脚あった。その一つに座り、樹々の間をそよぐ風に当たりながら、ひと息ついた。工廠と鎮守府のあった時代にも、散歩の途中にここで一服した軍人や職工がいたのかもしれない。

丘を下り、国道へ引き返す。烈しい陽射しに、今しがた火照りを冷ました体からすぐに汗が噴き出した。建設組合の前の自動販売機で五〇〇mlのお茶を買い、三口ほどで飲み干し、眩しい坂道を下った。

祝賀大行進

国道を挟んだ対面のグラウンドから、金属バットの快音が聞こえる。

囲いのネットに「海上自衛隊グラウンド（訓練場）」の看板が掛かっている。「測量図」の同じ場所には「練兵場」と記されている。

通りを渡り、グラウンドの片隅からダイヤモンドを眺める。守備位置に散った子供たちが、コーチのノックの打球に懸命に飛びついている。その様子をベンチの脇から親御さんたちが見守っていた。グラウンドは自衛隊の施設のようだが、民間にも開放しているようだ。

「練兵場」だった時代に、ここで盛大な祝賀行事が行われた。

海軍の街である舞鶴には、受難ともいえる時代があった。

海軍省は大正十二（一九二三）年、主力艦の保有制限を定めたワシントン海軍軍縮条約の発効を受け、全国の軍港の規模を縮小した。これにより舞鶴鎮守府は要港部に、舞鶴工廠は要港部工作部に降格となった。

舞廠は、京都府下最大の軍需工場として、七千人を超える従業員を雇用していたが、規模縮小によって、大正十四年までに、余剰人員となった二千百六十七人を解雇した。駆逐艦の建造も年間二隻から一隻となり、舞鎮籍の軍艦「鹿島」と「香取」は解体、廃棄処分となった。

昭和五（一九三〇）年には、補助艦の保有比率を定めたロンドン海軍軍縮条約も締結され、舞鶴工作部はすでに三千三百三十人まで減っていた職工のうち、さらに六百四十四人を解雇した。

ワシントン軍縮条約以降の舞鶴経済の停滞は約十四年にも及んだが、状況は昭和十一年に好転する。ワシントン、ロンドン両軍縮条約の年末の失効が確実となり、翌年から世界的な建艦競争の再開が見込まれたことから、舞鶴工作部は十一年七月一日に、工廠に再昇格した。

施設がかつての規模に復し、予算と人員が増えれば、街は活況をとり戻す。工廠への再昇格は、舞鶴住民の悲願だった。

昭和十一年七月十二日、工廠への再昇格を祝うおまつりが、官民を挙げて盛大に行われた。

工廠正門前の広場（先ほど通りかかった、トレーラーも転回できるあの踊り場だと思う）で、工廠昇格式が厳かに行われた。その後、工廠の各部署が知恵を絞って製作した「仮装」の審査が始まった。住民も注目する中、一等賞に選ばれたのは、造船部の「青い竜」だった。圧縮空気によって奇声を発する竜の口から、五色の紙吹雪が舞い上がる、迫力満点の造り物だった。

みなで練兵場に移動し、日本酒の「千福」十五樽を鏡割りした。柄杓をまわし、景気づけの乾杯を終えると、職工たちの仮装行列は、順番に練兵場を出発した。

芸妓たちの三味線と太鼓の花屋台を先頭に、大勢の住民にとり巻かれながら、仮装した職工たちは中舞鶴の街を練り歩いた。

舞鶴町の役場を訪問し、町長と職員から祝福を受けると、どんちゃん騒ぎの一行は進路を東へとり、道芝街道を通って、新舞鶴の市街地に入った。沿道から提灯や国旗を振る住民に出迎えられ、二十キロもの道のりを踏破した大行進の宴は、港に近い街外れの浮島公園に到着してお開きとなった。

――「よくも歩いたもの」といえるが、それというのもこの工廠復活は五〇〇〇の工廠従業員はもとより、地元三舞鶴の市民にとっても待望久しきものだったからであろう――（『舞廠造機部の昭和史』）。

国の公共事業は、自治体の創意工夫による地域の活性化を損なうという声が、今日では大きい。権限、財源、税源を、国から地方へ移譲し、地方の自立的発展を促す地方分権論には、私も賛成だ。

軍縮期間中の十四年間の舞鶴経済の停滞は、今日にも通ずる過度な中央集権体制の弊害とみなすべきなのかもしれない。だが、平成の時代を生きる私たちがおぼえる違和感は、舞鶴の人々の公共事業への依存心よりも、軍拡を「待望久しきもの」とまで歓迎した、軍事に対する意識の方だと思う。

国家にとって、国民の生命と財産の保護は、核心的に重要な概念だ。民主政体に照らすならば、国防・安全保障問題こそ、国民的な議論が必要なはずだが、国民は今、軍事に類する事柄を公に論じることに嫌悪感を示す傾向が強い。

このような国情を最も反映した存在が、自衛隊といえるのかもしれない。自衛隊は世界八位ともいわれる強大な実力組織でありながら、憲法上の位置づけは、軍隊でも警察でもない、定義不明の組織だ。

今日の日本国民に瀰漫（びまん）する軍事アレルギーは、前の大戦の結果がもたらしたものなのだとしたら、戦前の国民にも、軍事に対して必然的に芽生えていた意識があった。

日清、日露戦争を勝利に導いた帝国陸海軍は、救国の存在だった。

乃木希典や児玉源太郎、東郷平八郎を、古の日本武尊や楠木正成の英雄譚になぞらえて語りたい心情は、広範な民心に息づいていた。

軍隊を故郷の懐に抱くことは、誇りだった。

舞鶴の人々にとって、海軍人の賑わう往来の眺めは、経済復興の喜び以上に、回帰を焦がれてやまなかった、街の原風景だった。

名状できない想い

グラウンドの前の緑地に、機関車が展示されていた。

昨晩、小料理屋のお二人の女性が話してくれた、往年の中舞鶴線の機関部だ。錆びた車輌の前に「C五八蒸気機関車のあらまし」という説明板がある。

昭和十四年十二月に大阪で製造されたこの蒸気機関車は、昭和四十五年十月の廃車まで、三十二年間、草津線、山陰本線、舞鶴線、宮津線として、地球五十五周に相当する二百二十一万キロを走りつづけた、とある。

——みなさん、雨の日も、風の日も、雪の日も、黙々と走りつづけたこの機関車をいつまでも美しく、大切にしましょう——と、あらましは結ばれている。

東舞鶴の駅頭から、山裾に沿ってここまで歩いてきた道を、かつてこの機関車が、汽笛を鳴らしながら疾駆していた光景を想像してみた。

グラウンド近くの西側の交差点の脇に、小さな広場がある。測量図に載っている中舞鶴線の終点「中舞鶴駅」は、あの辺りだ。行ってみるとその場所には、真新しい人工芝が敷きつめられ、一脚のベンチと滑り台だけが置かれていた。説明板など、駅舎の痕跡を示すものは何もない。

交差点を左折し、旧中舞鶴の市街地方面に向かいかけたところで、リュックから「中舞鶴市街図」をとり出す。「中舞鶴市街図」は、街の区割りは細かく記されているが、東側の区画内のほとんどは空欄か番地の表記しかない。西側の丘一帯に点在する寺や神社の名称は、細かく記されている。

今の街並みを見渡してみても、中舞鶴は一本道の二十七号線沿いに人家が連なるだけの小さな街だ。鎮守府や工廠に近接していながら、海軍施設の建造にともなう新たな宅地を造成するだけの空間がなかったことがわかる。

アイスコーヒーが飲みたくなり、喫茶店を探しながら国道を南に歩いたが、住宅が連なるばかりの沿道に飲食店は見当たらなかった。アイスコーヒーはあきらめ、西側の丘を上ろうと入山道を探

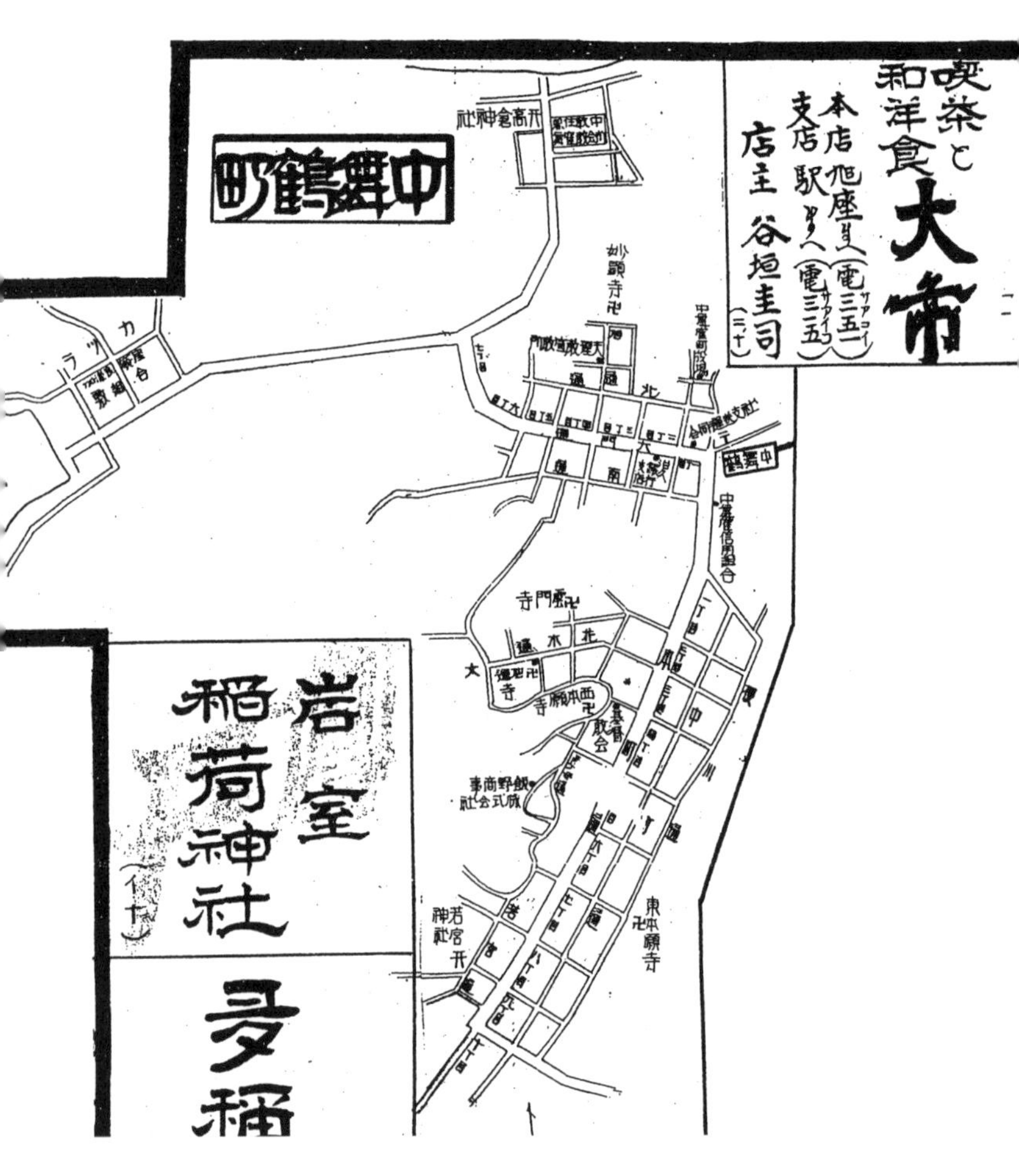

『昭和前期日本商工地図集成』
（柏書房　1987.6）第２期（大阪・京都・兵庫・奈良・和歌山・滋賀・三重）

した。

「中舞鶴市街図」にも詳細な記載のある丘の上一帯は、共楽公園という自然公園になっている。日清、日露、昭和の戦争の慰霊碑があちこちに建てられており、今も時節ごとに様々な慰霊祭が営まれているらしい。

人家の脇から延びている坂道を上った。

道は徐々に勾配を増し、途中の墓地をすぎた先に「ハワイ日系二世をしのぶ　友好平和のサクラ」という碑があった。碑をすぎてほどなく、丘の頂の遊歩道に通じた。遊歩道は二股になっていて、一方は丘を下りながら北へ、もう一方は尾根道となって南西に延びている。

頂から、北の港を見下ろす。造船所のクレーンや半島の形状が一望にできる。

右手の小高い一画に、石垣に乗った碑があった。碑の正面にまわると、「忠魂碑」の太文字の脇に「元帥伯爵東郷平八郎」という草書体の文字が刻まれていた。東郷の筆によるものらしい。

碑の前に、低い金網に囲まれた直径三メートルほどの円形の空間があり、その中央に、大砲を模したような奇妙なモニュメントが置かれていた。

金網の説明板に、「毎年Welcome flowerという慈善団体が、市民の寄付とボランティアの好意で桜の苗植えを行い、平和の空間として整備している」と書かれていた。金網のなかの構造物の意味は不明だが、ここには戦時中、砲台が設置されていたのかもしれない。

広場の外縁に、屋根つきのベンチがあった。座って一休みしていると、眼下の傾斜の植え込みのなかに石碑が見えた。

傍らまで行ってみると、「舞鶴空襲　学徒犠牲者慰霊」と彫られていた。脇に建立の趣意を綴った御影石がある。

二〇一三年十二月に、八十余年の生涯を終えられた橋本時代さんの悲願を生かし、あらためて橋本さんの顕彰と戦没学徒を慰霊すべく建立する、と書かれている。

橋本時代さんのエピソードは、『舞廠造機部の昭和史』でも触れられていた。

昭和二十年七月二十九日、米軍艦載機の投下した五百キロ爆弾によって、工廠に勤務していた九十名が一瞬にして命を落とした。

その日は、月の第五日曜日で、第一、第三日曜を休業日としていた工廠は、通常通りの稼働日だった。朝礼が終わり、大勢の工員がもち場へ戻ろうと構内を行き交っていた時、爆弾は唐突に炸裂した。

造兵部第二水雷工場に勤務していた、京都師範学校本科一年生（十六歳から十七歳の男子）は、八十名中九名が爆風によって圧死し、口から内臓を吐き出して絶命した人もいた。橋本時代さんが在籍していた、京都市立洛北実務女学校の生徒さんたちは、四十七名中七名が亡くなった。橋本さんは一命はとりとめたが、爆撃で視力と聴力を失った。

昭和五十三年に、犠牲者を慰霊する碑が建立された際、橋本さんは個人として莫大な献金をしたという。

碑に手をあわせ、かつて工廠のあった造船所を遠望する。

尾根の遊歩道を南西へ向かった。

少し行ったところの植え込みの前に、共楽公園の見取り図があった。昭和五十三年に築かれた、工廠爆撃の犠牲者の追悼碑の場所は記されていない。碑はどこにあるのだろう。緑樹に囲まれた尾根道を先へ行ってみる。

道は緩やかな起伏をなして延び、カラフルな色彩の東屋風のベンチを幾つかすぎると、樹々の切り株が点々と連なる平地に出た。奥まりに、台座に乗った大きな碑が聳えている。

平地を横切り、碑の正面へ。左右の二つの燈篭の真ん中に、高さ二メートルほどの黒い巨岩が佇立している。「鎮魂碑」と刻まれていた。

右手の碑銘に、工廠空襲で亡くなった人の名が記されている。左手の碑文には、建立の趣意が綴られていた。

それによると、かつてこの場所には、舞鶴海軍工廠開廠以来の殉難者を慰霊する招魂碑が築かれていた。春秋の彼岸には、殉難者の招魂祭も営まれていたが、大東亜戦争が始まると、青銅を抽出するために碑は解体され、戦後は礎石だけの姿に変わり果てた。戦後、工廠殉難者の慰霊祭は付近の雲門寺で営まれていたが、昭和五十三年に、開廠以来の殉難者、空襲の戦没者、工廠から国内外に派遣された戦没者、すべての御魂を慰霊するためにこの碑は築かれた。

舞鶴海軍工廠にゆかりのある、すべての死者を追悼する鎮魂碑は、終戦から三十三年の時を経て、かつての招魂碑の礎石の上に建立された。

なぜ、三十三年もの時間がかかったのだろう。

亡くなられた方の実数など、詳報の把握が難航したのだろうか。資金の問題もあったのかもしれない。橋本さんをはじめ、強い思い入れのある個人にとって、三十三年は長すぎる時間だったのではないか。

碑が築かれれば、すべての語り部たちが世を去った後も、戦争の痛みの記憶は後世に受け継がれる。目を閉じ、碑に手をあわせた。

思えば、昭和十一年七月の街をあげての工廠再昇格のお祝いは、海軍の街・舞鶴の、終わりの始まりだったのかもしれない。

一年後の昭和十二年七月、支那（中国）の北平（現北京）郊外で、盧溝橋事件という日支両軍の軍事衝突が起こった。戦禍は華中、華南に拡大し、日支の全面戦争に発展した。

十三年四月、民間のあらゆる資源を天皇の勅令で戦争に動員できるとする「国家総動員法」が制定されると、遠いどこかで行われていた感のあった支那事変は、国民の誰しもにとっても身近なものとなり、舞鶴も戦時色を濃くした。

事変は終わりの見えない泥沼の様相を呈し、中国に権益をもつアメリカ、イギリスとの関係も悪化の一途を辿る。十四年十二月、舞鶴要港部も舞鶴鎮守府に再昇格した。十五年十一月、海軍は臨戦態勢を強化するための出師準備を発動し、舞廠は、舞鶴軍港に入港した多数の民間商船、漁船を、軍艦として再整備した。

支那事変を引きずりながら、十六年十二月より大東亜戦争が始まった。舞廠では駆逐艦の建造に拍車がかかったが、戦局の悪化とともに、駆逐艦は艦隊決戦の先遣船という本来の用途ではなく、船団の護衛や補給艦として使用され、舞廠生まれの駆逐艦はもてる実力を発揮できずに撃沈が相次いだ。

十四年七月の「国民徴用令」の公布以降、舞廠には二、三ヶ月に一度の割合で、徴用工が入業した。兵士の応召の赤紙に対し、白い令状で応召される徴用工は当初、舞鶴近辺の京都、滋賀、福井の独身者が対象だったが、しだいに石川、福井、新潟の妻帯者にも拡大された。徴用工は舞廠だけでなく、外地の海軍基地にも派遣され、戦争末期には、現地の守備隊とともに戦禍に斃れる人が激増した。

戦争の長期化とともに、大型艦船の建造は激減し、軍部は航空作戦に主眼を置くようになる。舞廠は、航空戦闘機に搭載するターボジェット機関の製造にも力を入れた。

十九年末には、水中特攻兵器「回天」のピストン式エンジン（六号機械）を製造する。通常では、試作から完成まで数年の工程を要する新式のピストン機関を、舞廠造機部の総力を結集し、一年足らずで完成させた。昭和二十年に入ると、海軍は潜水艦や海防艦の基地機能を、米軍航空機の跳梁が緩やかな日本海側の舞鶴軍港に移した。これにより満洲から国内に物資を輸送する船団や、内地と北海道、南樺太を結ぶライフラインの護衛艦も舞鶴港に入港するようになった。舞廠の職工、徴用工、動員学徒たちは、これらの艦船の修理と補強に努めながら、水上特攻艇「震洋」、水中特攻艇「蛟龍（こうりゅう）」を建造したが、舞鎮籍の「蛟龍」は進水したのみで、終戦となった。

戦後、舞廠はGHQ（連合国軍最高司令官総司令部）の指令により、海外に在住する日本人の引揚げ船の建造と、機雷除去のための掃海用艦船の整備を新たな任務とした。工廠に残存していた魚雷や機雷などの兵器類は、すべて廃棄された。

昭和二十年十一月三十日、GHQの指令により、陸軍省、海軍省が廃止される。海軍舞鶴鎮守府、舞鶴海軍工廠をはじめ、舞鶴に所在するすべての海軍施設は、ここに終焉を迎えた。

街をあげての工廠への再昇格のお祝いから、九年四ヶ月後のことだった。

明治以降の舞鶴は、海軍とともにあった。

時代の急激な変遷にさらされた街の人々は、これまで郷土のことを語る時、親しみを込め、誇らしく紡いできた多くの言葉を、にわかに失った。

かつての軍務殉難者を、「烈士」などの大時代的な表現で讃えていた招魂碑は、戦争とともに消え去った。同じ場所に、工廠ゆかりのすべての殉難者、戦没者を、衒（てら）いのない平易な言葉で悼む鎮魂碑が築かれるまで、三十三年という時間がかかった。

この三十三年は、舞鶴の人々が、名状できない想いだけを抱えつづけていた、時間だったのかもしれない。

何ゆえの軍神か

尾根道を戻り、北側から丘を下った。

勾配の急な北側の迂路は、途中に山水を明媚な庭園に見立てた一画などもあって、景観も楽しめる散歩道になっていた。丘の道は、「中舞鶴駅」のあった交差点にほど近い場所に通じて終わった。交差点の立体歩道橋を上り、歩道橋から北側の、樹林に囲まれた丘の上の自衛隊の官舎を眺めた。広やかな空を背にたたずむ官舎は、この場所からもまだ仰ぎ見る高みに位置している。同じように樹林から覗いたかつての鎮守府の豪壮な建物は、森の館のようなメルヘンチックな情緒を醸していたのではないだろうか。あるいは、丘下の民家を睥睨するような威容のみが際立っていただろうか。

歩道橋を下り、旧練兵場の前に差しかかった。グラウンドでは、まだ子供たちが白球を追いかけていた。

先ほど通りすぎた、海上自衛隊総監部の正門まで来た。

立番中の迷彩服姿の自衛官さんに挨拶をし、記念館を見学したい旨を告げると、自衛官さんはきびきびとした所作で、番号札を手渡してくれた。

番号札を首から提げ、左手の緩い勾配の道を行くと、ほどなく広大な中庭がひらけた。かつての

「機関学校」の校舎が、南に向かって幾棟と立ち並んでいる。

左手の煉瓦造りの建屋が、海軍記念館だった。

車寄せの傾斜を上り、木枠の玄関をくぐると、真正面の巨大な旭日旗とそれを背にした東郷平八郎の胸像が視界に飛び込んできた。

左脇の説明文に、この東郷平八郎の胸像は、昭和三十八年に西舞鶴港の埠頭の土中から、パトロール中の警察官によって偶然発見されたもの、とある。

GHQの占領下の時代に、没収を恐れた所有者が土中に埋めたものを、警察官が発見し、警察から自衛隊に寄贈されたことがニュースになった。それを機に、旧舞鶴海軍の縁故者から自衛隊に関係品の寄贈が相次ぎ、それらの展示を望む声が高まった昭和三十九年にこの記念館は開設された、と書かれている。

右手の第一展示室に入った。近代海軍の創設から、日清、日露戦争開戦の経緯、第一次世界大戦参戦時の国内外の情勢が、パネルで詳細に解説されていた。

舞鶴海軍工廠で製造された駆逐艦の模型、実物の羅針儀も展示されている。日本の近代化の進展とともに、科学技術の粋をすべて軍事に傾注したこと、舞鶴が軍港都市として発展した様子についても詳しい。

ガラスケースの中に、東郷平八郎にまつわる品々が陳列されていた。

東郷が義姉にあてた手紙、東郷のことを伝える新聞記事、日露戦争を報道した英字新聞。「東郷」の文字の入った日本酒の瓶の隣に、東郷ビールの瓶が並んでいる。

東郷ビールは、フィンランドのピューニッキ社というメーカーが醸造した、と説明文にある。ピューニッキ社は、世界の二十四人の偉大な海軍提督をラベルにしたビールをつくるに当たり、東郷をその一人に選んだ。

百年余りの間、帝政ロシアの支配下にあったフィンランドでは、日本海軍のバルチック艦隊撃破の勝報を機に独立の機運が高まったという。生まれた子供に「トーゴー」や「ノギ」という名をつける親もいて、現在もフィンランド人の五人に二人は日本の軍人の名を知っている、と書かれていた。

長大なパネル一面を擁し、「六号潜水艇事故」の展示があった。

明治四十三年四月十五日に岩国を抜錨し、広島湾に向かう海域で演習を行っていた六号潜水艇は、半潜航中に原因不明の浸水により、船体が海底に達して操行不能に陥った。海水を排水しても艇が動かないため、ガソリンを排出しようと、艇員がバルブを開いたところ、ガソリンパイプが破裂し、艇内にガソリンガスが充満した。このガス漏れによって、全乗員十四名が窒息死した。

事故のあらましにつづき、操行不能の艦内で、死を覚悟した佐久間勉艇長が書いた遺書が紹介されていた。

小官ノ不注意ニヨリ、陛下ノ艇ヲ沈メ部下ヲ殺ス誠ニ申譯無シ、サレド艇員一同死ニ至ルマデ皆ヨクソノ職ヲ守リ沈着ニ事ヲ處セリ、我レ等ハ国家ノ為メ職ニ斃レシト雖モ唯々遺憾トスル所ハ天下ノ士ハ之ヲ誤リ以テ将来潜水艇ノ発展ニ打撃ヲ与フルニ至ラザルヤヲ憂フルニアリ、希クハ諸君益々勉勵以テ此ノ誤解ナク将来潜水艇ノ発展研究ニ全力ヲ盡サレン事ヲサスレバ我レ等一モ遺憾トスル所ナシ。

遺書は右の文章につづき、事故の分析と艇内の様子を記し、艇員遺族への高配を訴えて終わっている。六号潜水艇事故は当時、佐久間勉大尉の高潔な人物評とともに、海外にも広く報道されたという。

広瀬武夫と斎藤実の揮毫が掲げられていた。

漢詩を詠み、書を綴るのは、明治の軍人の嗜みだった。広瀬武夫は、日露戦争の旅順港閉塞作戦で戦死し、戦後、軍神と讃えられた一人だ。

閉塞作戦とは、ロシアの旅順艦隊を旅順軍港内に封鎖するために、軍港口に貨物船を大量に沈めるという特殊作戦だった。

貨物船に乗船した隊員は、暗夜に港口に接近し、貨物船を爆沈させた直後に、端艇で脱出を図る。作戦決行中に旅順要塞の探照灯に発見されれば、兵装のない貨物船は敵の集中砲火を浴びる。決死の作戦ゆえに、東郷は閉塞隊員を志願制としたが、志願者は二千八十名にのぼり、血判書を携えていた者もいた。東郷は志願者から六十七名を厳選し、犠牲を極力とどめるために、脱出後の兵を収容する水雷艇の配備にも万全を期した。

広瀬武夫は、第二次閉塞作戦で貨物船「福井丸」に指揮官として乗船した。「福井丸」は目標海域に到達する前に敵に発見され、敵艦の水雷を被弾した。沈み始めた船内で、広瀬は爆破担当の杉野上等兵曹の安否を気遣い、艦底まで杉野の行方を追った。部下に脱出を急かされ、端艇に乗り移ったと同時に、敵の一弾を頭部に受けて絶命した。

戦後、広瀬戦死の逸話は、部下の命を慮る上官の美談として、歌になった。軍歌「廣瀬中佐」は文部省認定となり、全国の学校で愛唱された。

戦死を、歌にして美化し、軍人を「軍神」とまで讃えた当時の日本人の心情は、平成を生きる私たちにはもう遠いものになっている。

だが、その表現の身振りの大きさの裏には、戦争と向きあわなければならなかった明治人の辛さや悲愴さのようなものが、おびただしく伏せられているのだと思う。平成を生きる私たちが、彼らの抱いた様々な思いをかぎりなく想像しようと努めた時、明治という時代は、初めてその生々しい実相を私たちの前にあらわすのではないだろうか。

以前、テレビのあるニュース番組を見ていたら、その番組のコメンテーターが、初代天皇といわれる神武天皇は、存在の実証性が乏しいのだから、歴史教科書に記述する必要はないのではないか、といっていた。

神武天皇が実在したかどうかということよりも、この国には、神武天皇の実在が信じられていた過去があり、その時代を生きていた人々の神武天皇への思いを追想することが、歴史を学ぶということなのではないだろうか。

先人の営為に正否を下すことは、たしかに後世人の務めなのだろう。それが近現代史ならば、なおのこと後世の人間は史実に裁断的な眼差しをそそがざるをえない。でもすべては、同じ人間の営みなのだ。その視点には、謙虚さがともなっていなければいけない。そのように思う時、前の時代を生きた人々の心模様をありのままに想像するだけで、歴史を学ぶことの意義は、もう果たしているようにも思う。

私たちが生きている現在も、百年後の日本人にとっては遠い過去になる。今日とはまるで異なる常識を生きているはずの未来の日本人が、そのような心持ちから、平成という時代の私たちの心情を顧みてくれたならば、それは素朴にうれしいことではないだろうか。

第一展示室を見終わり、順路に沿って進むと、講堂に出た。

出入口脇の説明板に、昭和天皇の行幸にあわせて立てられた大講堂、と書かれている。

壇上に、昭和天皇のお若い頃の写真が飾られている。今、誰もいない講堂に、大勢の機関学校生が直立不動の姿勢で、昭和帝のお言葉を拝聴している光景を思い浮かべてみた。

講堂の左手の扉から、第二展示室に入った。

軍縮から軍拡へ、と題されたパネルに、一九二二年に日本、アメリカ、イギリス、イタリア、フランスの五ヶ国で調印された主力艦の保有比率を定めたワシントン海軍軍縮条約、一九三〇年の補助艦の保有比率を定めたロンドン海軍軍縮条約による世界的な軍縮の時代から、条約失効後の軍拡の時代までの海軍の変遷の様子が語られていた。

並びの展示物も、種々豊かだった。将官たちの綴った書、海軍人の正装、軍刀、剣帯、双眼鏡、長剣、飛行帽、階級章。かつての海軍人の勇壮な気宇の漂う装備品が、所狭しと置かれていた。

記念館を出て、緩やかな坂道を総監部の正門まで下った。

先ほど番号札を渡してくれた人とは別の、眼鏡をかけた恰幅のよい自衛官さんが立番をしていた。現役の方と遭遇したのだ。何か話しかけてみようと思った。

あの、隣のグラウンドって、昔の海軍の練兵場だったんですよね。

そうですよ！　腹の底から声を出す人だった。

今は、民間の人も使ってるんですか。

使ってますよ！

そうですか。ありがとうございました。

はいどうも！

国道二十七号線を東舞鶴駅方面に向かって歩きながら、我ながら愚問を発したものだと情けなくなった。

戦前の帝国海軍と現在の海上自衛隊に組織的な繋がりはないけれど、どちらも海上の国防を担う実力組織であることに変わりはない。先ほどの恰幅のよい方も、旧海軍の歴史はよくご存じなのだろうし、国防を担う使命感や気概のようなものも、きっとおもちなのだと思う。そのことを実感できるような質問をすればよかった。

たとえば、記念館の展示物は自衛官の方もご覧になって勉強されたんですか、とたずねたなら、先ほどの自衛官さんは、ええ！　勉強しました！　と頼もしく答えてくれたのではないか。

往路の途中から気になっていた靴ずれが少々痛み出したが、夏空の下を行く爽快さが勝り、歩くペースは落ちなかった。

自衛隊桟橋近くの歩道橋を渡り、港湾側の歩道にまわった。護衛艦の停泊する港は今も家族連れで賑わっていた。

日露戦争で、東郷平八郎の乗艦した連合艦隊の旗艦「三笠」は、舞鶴鎮守府所属の戦艦だった。「三笠」の他にも、前述した重巡洋艦「吾妻」、巡洋艦「千歳」をはじめ、連合艦隊を構成した舞鎮籍の艦艇は多数あった。

これらの艦艇は、今から百十三年前に、目の前の港から、旅順港閉塞作戦や日本海海戦に出撃していった。

「三笠」は、バルチック艦隊との決戦を迎えた時、マストに「Z旗」を掲げていた。

AからZまでのアルファベット信号旗は、万国共通の船舶間の通信記号だ。作戦参謀の秋山真之（さねゆき）は、各アルファベットに独自の日本語訳をあて、最後の文字「Z」を、「皇国ノ興廃此ノ一戦ニ在リ、各員一層奮励努力セヨ」と読むように定めた。

日露戦争そのものが、「Z旗」の戦争だった。

日本が日露戦争に敗れていたら、この国のその後の歩みも、世界史の展開も間違いなく変わっていた。現在の日本の領土も、地図の津軽海峡より北は「ロシア領」という表記になっていたかもしれない。私たちが今生きている世界も、どのようなあり方をしていたかわからない。

なぜ、日本はロシアと戦争をしなければならなかったのだろう。

この問いを考えることは、日本はなぜ、明治維新という近代国家化を推進したのかを問うことにまで遡る。

十八世紀中葉、生産手段の機械化という産業革命がイギリスで起こった。

手工業に代わる機械工業化は、繊維品に始まり、鉄工や石炭など、あらゆる分野に及んだ。生産量の増大により、富を蓄積した資本家は、大規模な生産設備をつくり、利益を新たな分野に再投資した。ここに、富がさらなる富を生む、資本の無限増殖の運動という本格的な資本主義（産業資本主義）が成立した。

産業資本主義を実装したヨーロッパ諸国は、原材料の供給地と新たな売り手市場、安価な労働力を求め、十九世紀中葉以降、インド、中国、東南アジアに支配域を拡大した。十九世紀後半からは、アフリカをわずか二十年で分割支配した。

蒸気機関を搭載した鉄の軍艦と、海上から都市を破壊する大砲という高度な軍事力、ダーウィンの進化論を人類社会にあてはめた白色人種の優生意識、そして資本主義の増殖運動を動力源に、ヨーロッパ諸国は、力だけがすべてという帝国主義原理で世界を席巻した。この運動体が、西洋発の「近代」という新時代を世界に拡充した。

西暦一八六八年、日本は封建的幕府体制をあらためため、明治新政府を樹立する。

明治維新という、西洋の諸制度や先進技術を導入したあらゆる分野の改革は、イギリス公使に「西洋ならば百年かかる」といわしめた廃藩置県を象徴に、驚異的な速度で進捗した。

明治維新は、西洋諸国の構築した新たな国際環境に、日本を適応させるための国家改造であり、国防上の危機を最大の動機としていた。

国の独立も発展も、西洋標準の近代化を推進することでしか、期すことはできなかった。

すべては、近代という新たな時代を、西洋の軍門に降（くだ）ることなく、独立した日本国家として生きていくためだった。

西洋の国々に比肩する近代国家化をめがける過程で、不可避的に生起したものが、日清、日露の二つの戦争だった。

なぜ、日露戦争は戦われたのかを問うことは、今日の私たちも生きている、西洋の切りひらいた近代とは、いかなる時代なのかを問うことでもある。

近代という激浪

ここで、明治維新から昭和の大東亜戦争に至るまでの日本の近代史を、近代という時代についての私なりの考察を交えながら概観したい。

西洋史は、人類の歴史を「古代」、「中世」、「近代」に分類する。日本の歴史学は、西洋に類例のない江戸時代を、「中世」と「近代」の間の「近世」（西洋史もルネサンス期を「近世」とする史学もある）とし、明治以降を日本史上の「近代」としている。

近代とは、西洋を起源に、世界に拡充したシステムといえる。

現在の世界は、百九十六ヶ国（日本政府が正式に承認している国家の数）の主権国家の集合から成り立っている。国家主権という概念は絶対的なものとされ、いかなる外国や外部勢力も、名目上は他国の内政に干渉することはできない。また今日の国家は、国旗、国歌、言語、宗教、歴史を共有する国民によって構成され、国民国家ともいわれる。国家間の境界は、国境によって厳密に定められているのに対し、グローバルな経済市場における、人、モノ、金融資本は、国家間を活発に移動する。人間は、人種、民族、性別を問わず、誰もが生まれながらにして平等であり、国家権力にも侵害されない基本的人権をもつとされる。

近世以前の世界にはなかった、これらの諸実態が世界規模で展開している時代が、近代だ。

近代の成立をいつとみなすかについては、その構成概念があまりに広いため、近代をいかなる側面から眺めるかによって変わってくる。

経済の面からみるならば、十八世紀中葉のイギリスにおける産業革命後の産業資本主義の成立が嚆矢といえる。主権国家については、ヨーロッパの三十年戦争を終結させた、一六四八年のウェストファリア条約における主権国家体制の確立からとなる。国家関係の秩序については、一六二五年に国際法の基礎となる国家間と戦争のルールを唱えた、フーゴー・グロティウスの「戦争と平和の法」の公刊からとみなせる。

政治制度の面からみれば、絶対王政を廃し、議会政治を確立した十七世紀中葉のイギリスのピューリタン革命が起源となる。軍隊においては、国王や封建領主の私設軍に代わり、フランス革命期の徴兵制によって創設された国民軍が近代軍隊の始まりといえる。人間の権利を称揚する立場からは、人権という概念を提唱した一七七六年のアメリカ独立宣言、一七八九年のフランス人権宣言が近代の起源となる。

近代とは、「いかなる国家も、諸外国（主に近隣国）との関わりを抜きに自国を運営できない時代」、と定義できる。

理由としては、まず軍事力の進化がある。兵器の高度な発達は、近隣国との密接な関わりを不可避にした。自国の情報を可能なかぎり開陳し、信頼醸成に努めなければ、国境線を挟んで対峙する軍隊同士の偶発的な衝突が起こりかねない。ひとたび衝突が起これば、大規模な惨禍に繋がる。江戸時代の「鎖国」が成り立たない所以だ。近代の和平は、信頼醸成と軍事力の均衡によって担保される。

産業の発展も諸外国との関わりを密接にした。自国で調達できない資源や技術は、他国に依頼しなければならず、経済的な相互補完関係の高まりは、必然的に国家間の政治的な結びつきも強くする。

近代は、人類史上の大いなる進歩の時代とされる。

工業の機械化によって大量生産された発明品の数々は、人間の生活の利便性を飛躍的に向上させた。情報通信と移動手段の発達は、地球上の遠隔地間の交通を可能にした。人間の理性を重視する実証的で合理的な思考の発揚は、様々な科学分野の発展に寄与した。

西暦二〇一七年の今日、これらの恩恵に与(あずか)っていない国は皆無といえる。実証科学はおよそすべての国の学問領域で推進され、地球上の表裏に位置する国同士の交流、貿易も促進されている。

とくに第二次世界大戦後は、近代の理想的側面が世界規模で拡充した。

大戦以前の趨勢だった、大国と小国の支配・被支配の関係は解消され、いかなる小国も絶対の不可侵権としての国家主権を尊重されている。公正で秩序ある自由貿易を推進する国際機関や、国家間の諸問題を調停する国際裁判所も存在する。

大戦以前は、各国の専権事項だった人権問題も、現在は国家を超えた普遍的なテーマとして、国連憲章にその保護が謳われ、各国の人権状況を精査する国際機関もつくられた。ヨーロッパ、アメリカ、アフリカでは、人権裁判所を有する条約、憲章が発効されている。国際人権規約を締約している日本も、国民の人間としての平等、思想信条の自由などの基本的人権を国内法で保障している。

近代は、政治的、宗教的とを問わず、あらゆる抑圧からの人間の解放、自由と平等の達成、経済活動による豊かさの実現など、人類にとっての普遍的価値を内包している時代といえる。

だが、理想的側面が世界に広範に浸透しつつある今日の情勢をもって、近代という時代は是認されるだろうか。

経済・金融における、人、モノ、資本、あるいは人権という価値観は、国家を超えて拡充すべきとされるグローバルな概念だ。一方で、主権国家、国民国家という概念は、人間のまとまりの最大単位を国家に擬制する。

主権国家にとって、国境の外は完全な外部領域だ。外部との緊張関係を恒常的に強いられる国家権力は、国民の帰属意識を国家に繋ぎとめるための、あらゆる啓発を国民に行い、内部の統合を盤石にしようとする。国民に対し、国境の内側の存在を同胞、外側の存在（時に国内の異民族も）を異邦人＝他者とみなす認識を促す。

かように強固な主権国家、国民国家同士が、密接に関わらざるをえない近代の国家関係には、どのような現象が生じるだろうか。

すべての国家関係は、国力の規模で決まる。主権国家としての名目上の権利は対等でも、経済力や軍事力の劣る小国が、大国と対等な関係を築けるはずはない。

人間の集団の最大単位と擬制される近代国家は、自国の保全と発展という、国益の追求だけを至上命題とする。近隣国や関係当該国に対し、絶対的優位（相対的であっても）の国力をもった国家は、時に国益の極大化を利己的なまでに追求する。

二〇〇三年三月、アメリカは国連安全保障理事会の決議を経ずに、イラクに軍事侵攻した。占領期間を含め、四十ヶ国以上を戦争に追随させたが、イラクは大量破壊兵器を秘匿しているという開戦理由は偽りだった。中国は近年、国際海洋法裁判所の違法判決を無視し、周辺国を軍事的に威嚇しながら、南シナ海の海洋基地建設を強行している。ロシアは二〇一四年三月、ウクライナ共和国の領土であるクリミア半島の併合を一方的に宣言し、ウクライナの不承認にもかかわらず、実効支配をつづけている。

近代は、「大国が帝国主義政策を実践し、世界を不穏当化する蓋然性の時代」とも定義できる。アメリカ、中国、ロシアの三国は、第二次大戦以前の趨勢だった、力の信奉たる帝国主義を、大戦から五十年以上を経た西暦二〇〇〇年代に顕現した。この三国は、国際社会の平和と安定に重責を負う、国連常任理事国であるにもかかわらずだ。

民族紛争と宗派対立の坩堝と化している中東情勢も、近代の大国のエゴイズムがつくり出したものといえる。

今日、人口三千万人のクルド人が、中東の五つの国に分散し、イスラム教シーア派とスンニ派の入り乱れたイラン、イラクという国が存在するのは、第一次大戦の戦勝国となったイギリスとフランスが、敗戦後のオスマン帝国の領土をそれぞれの属領として分割するために、一方的に中東に国境線を引いたことによる（サイクス・ピコ協定）。現在の中東の地図は、西洋の大国の帝国主義政策がつくりあげた。

サラフィー・ジハード（イスラム聖戦運動）を呼号するテロ組織・アルカイダは、イギリスとフランスを、アラブ世界を混乱に陥れた元凶とみなしている。アラブと敵対するイスラエルを長年支援し、メッカとメディナという、イスラム教の二大聖地のあるサウジアラビアを軍事拠点にイラク戦争を強行したアメリカも、彼らにとっては中東の破壊者だった。

イラクのアルカイダから派生したイスラム原理主義過激派組織「ＩＳ」は、サイクス・ピコ協定の無効を掲げ、十一世紀の十字軍遠征以来の欧米キリスト教国への歴史的報復を標榜している。だが「ＩＳ」の復讐感情は、けして広範なイスラム民衆の支持を得ているわけではない。

イスラムの民衆が求めているのは、素朴な生存権と自由だ。二〇一〇年十二月より、チュニジアに始まり、エジプト、シリア、イエメンに波及した「ジャスミン革命」、「アラブの春」ともいわれる独裁政権に対する民衆の反体制デモが、それを証明した。

民主化を求める一連の運動は、チュニジアを除き、各国で挫折したが、イスラムの民衆が自国の政権に反旗を翻す「民意」を示したことは、歴史的なことだった。

ヨーロッパでは、十六世紀の宗教改革でキリスト教の原点回帰を志向するプロテスタントが誕生し、既存のカトリック教会と激しく対立した。ヨーロッパ中を巻き込み、百年にも及んだ宗教戦争の末に、各国はローマ教皇庁と教会の権威から独立した。人間の理性と合理的思考の涵養を唱えた十七、八世紀の啓蒙主義を経て、ヨーロッパの国々は、神政政治（テオクラシー＝神の名に基づく支配）から、民主政治（近代デモクラシー＝人間による支配）へと、空前の「契約」の更新を実現した。

政教分離から、市民社会の構築、資本主義という貨幣の増殖（利子）を肯定する論理まで、ヨーロッパが近代世界を切りひらいたすべての根源には、超越的人格神と人間の関係をめぐる、キリスト教教義学（ドグマ）のたゆみない研鑽の伝統があった。無論イスラムにおいても、神学の考究は様々な法学派によって行われてきた。だが、プロテスタントは、教皇や司祭などの聖人とされる人々に占有されていたキリスト教を、真の意味で俗人に開放し、民衆の生活にも影響を及ぼす新しい形で、ドグマの深化をもたらした。

宗教改革が起こる前の市井のキリスト教徒は、難解なラテン語やギリシャ語で書かれた聖書を読むことができなかった。教会で懺悔をし、サクラメント（秘蹟）と呼ばれる儀式を司教から授かることを、信仰の形態としていた。

聖書を信仰の唯一の根拠とするプロテスタントが誕生すると、印刷機の普及もあり、聖書はヨーロッパ各国の言語に翻訳された。聖書を繙いた信者諸個人は、内面に宿した神と対話をし、教会の儀式や典礼を介さない、自らの信仰を感得しようとした。

プロテスタント諸派のうち、神の「予定説」（神は、人類滅亡後の「最後の審判」で救済する人間をすでに決定している）を唱えたジャン・カルヴァンのカルヴァン派の流れを汲む、長老派、独立派、メソジスト、バプティスト、クエーカー派の影響力は、フランス、イギリス、アメリカ大陸にまで波及した。

神は救済する人間だけでなく、人間一人一人の運命まで決しているという「予定説」の信奉者は、「救済の確証」を得るために、さらに信仰にのめりこむ。そのような信仰心に篤くなる人間も、神はすでに決めているはずだからだ。

宗教改革の嚆矢であるマルティン・ルターは、聖書翻訳のなかで「天職」（Beruf：ドイツ語、Calling：英語）という概念を世界の宗教史上初めて唱えた。カルヴァン派は、自らの世俗の職業は神の召命であり、その実直な全うは、神から与えられた使命であるとする天職義務を中心に、世俗内的禁欲という、実生活の全面に神を適用し、神の合目的的な意志であるはずの、生活に潜むあらゆる召命の発見と実践に努めた。その徹底した合理精神は図らずも、時間の管理、労働、生産、経営の合理化、数学的な事業把握、利潤最大化の法則を生み出し、マックス・ヴェーバーのいう「資本主義の精神」となった。

「予定説」という神の圧倒的な全能性は、人間は等しく神の栄光を讃えるためにしか存在しないという、（神の下の）「人間の平等」という近代的概念をもたらすことにもなる。

対して、キリスト教と同じく旧約聖書を母胎に生まれながら、「タウヒード（ただ一つとする）」の論理に貫徹されたアッラー（唯一神）の理法であるイスラムの教義は、権力者のみに神の意志の解釈が許されていた。アッラーが意のままに行うべきことを人間が代行するなど、涜神以外の何ものでもないとするイスラム教では、禁欲的プロテスタントのような、エートス（倫理的な社会心理）の転換による行動様式の変化をイスラム教徒に及ぼし、神の意志の再発見を促すことはなかった。

イスラムの教義からは、宗教と世俗の領域を隔てるという発想はけして抽出されない。今日も、コーランの戒律を厳格に信奉するイスラム原理主義・ワッハーブ派の影響力はイスラム文化圏に広く及び、教徒の生活全般を古代のままに規定している。一夫多妻制や、女性は公の場では顔を覆わなければならないといった男女の行動様式の差別化、豚肉やアルコール摂取の禁止などの戒律は、男女の同権を称揚し、愚行権（人間の卑近な欲望）を容認する近代的価値観とは相容れない。

七世紀に預言者のムハンマドが神の啓示を授かった瞬間の、「永遠の今」を生きているはずのイスラム教徒にも、チュニジアに発した「アラブの春」は、自由、平等、経済的豊かさの実現という、近代の理想が求められていることを世界に知らしめた。

近代の理想的側面が、イスラム教圏の土着文化にも浸透しつつある現在を、仮に、広義の近代に包摂された狭義の「現代」という新時代として捉え直してみる。そして「現代」の定義を、「人権思想などの近代のプラスシンボルの概念と、反戦思想の世界的普及の時代」としてみる。
「現代」は、たしかに近代の負の側面を抑制する機能をもっている。前に示した、アメリカ、中国、ロシアの帝国主義的な事例は、第二次大戦以前のような恒常的な現象ではなくなっているからだ。日本人は、前の大戦の敗戦を境に、極大のパラダイムシフト（あらゆる価値観や常識の変転）を経験した。戦前と戦後をまったく異なる時代として認識している戦後の日本人に、「現代」という時代区分は馴染みやすいものかもしれない。

戦後の日本は、七十年以上、戦争と無縁でありつづけてきた。日本人自身が、前の大戦の反省から非戦を誓い、人道に信を置き、「現代」を養う主体であろうとしてきたのだと思う。だが、戦後の日本の平和と繁栄は、日米安全保障条約とアメリカの核の傘という、自前の軍備を拡張しなくとも、国の保全を図れる環境が整備されたことが何よりも大きい。良質な製品の生産に精励すれば、自ずと経済的発展が可能な、西側民主主義陣営の自由貿易体制に属したことも、早期の復興をもたらした。とくに後者は、欧米の関税障壁に苦しめられた戦前の貿易環境を考えれば、日本にとって夢のような通商に関する国際ルールだ。

戦後の日本人は、「現代」の恩恵に大きく与ってきた。七〇年代のオイルショックはあったものの、混乱がつづく中東情勢も、どこか遠くの出来事として眺めてきた。七十年もの長きにわたり、国防上の脅威に直面することなく、戦後の私たちは、平和を享受している。

幕末の日本人は、そうではなかった。

負の本質を抑制する些（いささ）かの働きもない、剥き出しの近代と遭遇した。

日本人として生きていく

近代という新時代の到来を、日本人が最初に実感したのは、一八四二年の隣国・清のアヘン戦争の敗北と、その後のイギリスへの屈従だった。

イギリスは、清との貿易で生活必需品を膨大に輸入しながら、国内に十分な見返り品をもたなかったために、貿易赤字の累積に苦しんでいた。イギリスは本国への輸入を固く禁じていたアヘンという麻薬による決済を始める。国内にアヘン中毒者が蔓延し、銀の莫大な流出によって財政危機に陥った清は、アヘンを積んだイギリスの交易船を没収する対抗措置をとった。

イギリス海軍は、ただちに清の艦船を砲撃した。清は通商破壊を行い、自由貿易を害したというのが、宣戦布告の理由だった。

二年に及んだアヘン戦争はイギリスの勝利に終わり、清は多額の賠償金を課せられ、香港を割譲させられた。翌年の追加条約では、イギリスに関税自主権を剥奪され、新たに開港させられた上海、広州など、五都市のイギリス人の治外法権を承認した。

アヘン戦争の顚末は、オランダ風説書を通じて日本に伝わった。幕政の指導者は、イギリスの軍事力の行使と清への不平等条約の強要は、国際法なるものの上で合法とされる世界の現実に衝撃を受けた。

日本は徳川幕藩体制の下で、二百六十年にわたって交易国を限定し、一国で完結した自給自足体制を構築していた。長い和平状態にあった日本に、強硬に門戸を開かせたのはアメリカだった。

一八五三年、東インド艦隊司令長官マシュー・ペリー提督は、軍艦四隻を率いて浦賀に来航した。

開国を要求する国書を幕府に手渡すと、翌年、軍艦七隻を率いて再訪し、神奈川沖から砲撃の構えを示した。武力を誇示して要求を承諾させる、砲艦外交だった。

アメリカは一八四八年、メキシコとの戦争に勝利し、メキシコからカリフォルニアを割譲させ、太平洋岸に領土を拡大した。次なるフロンティアとして、海の向こうの中国市場への進出を企図し、太平洋航路の開発を進めた。その交易船の補給などの中継拠点として、日本に目をつけた。

日本はもはや従来の国策は維持できないとして、一八五四年三月、アメリカと日米和親条約を締結する。下田、箱館の開港、アメリカ船舶への石炭と食料の供給、アメリカへの最恵国待遇、アメリカ領事館の設置を承認した。アメリカの動きに乗じたイギリス、ロシア、オランダとも同様の和親条約を結ぶ。後世の歴史学で「鎖国」といわれる、三代将軍家光以来の国策はここに終焉した。一八五八年六月には、アメリカと日米修好通商条約を結び、イギリス、ロシア、オランダ、フランスとも同様の条約に調印し、正式な通商関係に入った。

日本は、修好通商条約で関税自主権を剥奪され、各国の領事裁判権を承認した。

国家は関税の決定権を失うと、安価な外国製品の流入によって、国内の産業を保護できず、長期的な経済政策を立てられなくなる。領事裁判権の承認は、居留区内での外国人の犯罪を日本側に裁く権利はなく、外国の法律で手心を加えた判決が下されるということだ。

不平等条約によって主権を制限された日本は、ペリー来航から十五年で、封建的幕府体制を終焉させ、明治新政府を樹立した。

明治政府は、西洋列強国が世界に武断的に拡充した近代という新時代を、独立した日本国家として生き残るために、西洋に倣った様々な近代的改革に着手した。国家的見地に立った大規模な改革を行うためには、政府を強力な統一政権とし、全国の藩を地方組織に再編しなければならない。

政府は明治二年六月、すべての藩主に、土地（版）と人民（籍）を朝廷に返還させる版籍奉還を行った。四年七月には、すべての藩を廃止し、一地方組織の府、県とする、廃藩置県を断行する。廃藩置県という、国の形を変える大改革が迅速に成就した背景には、すでに多くの藩が戊辰戦争の莫大な戦費負担から財政難に陥っていたこと、武士のカリスマ的存在だった西郷隆盛が、政府参議として廃藩の先頭に立ったことがあげられる。

政府は明治三年より、国家主導の殖産興業を推進し、近代産業の育成を図った。旧幕営の鉱山、製鉄所、造船所の経営に加え、鉄道や通信などの官営インフラ事業を興し、製糸場、セメント、硝子製造所などの官営模範工場を設立した。

封建的身分制度の改廃は、版籍奉還後より行われ、身分は華族、士族、平民のみとし、明治四年八月には「解放令」を出し、穢多・非人と称されていた人々も平民に編入した。すべての人の職業選択、旅行、移転、居住、結婚の自由を承認し、ここに平等な権利と義務をもった「国民」を編成した。五年二月には、陸軍省と海軍省を兵部省から独立させ、翌年一月より、士族・平民の区別なく徴兵令を公布する。五年八月には、すべての子弟に教育の機会を与える公教育制度を公布し、同年十二月には、太陰暦にかわり、欧米標準の太陽暦を採用した。六年七月、地租改正条例を公布し、国民の近代的土地所有権を承認するとともに、年貢米に代わる地租税を課し、国家の安定財源を図った。

明治の「文明開化」の下で、日本人の生活も大きく変わった。西洋の文物は巷間に溢れ、洋風建築とガス灯の新しい街並みが生まれた。市井の人々も洋装や洋食を嗜むようになったが、江戸時代に比べて庶民の生活は困窮した。

西洋との貿易は当初、輸出超過となり、生糸や原綿、茶などが無制限に国外に流出し、物価は貿易開始から十年で二倍になった。江戸時代の安定した物価の下で生活を維持していた貧困層は、生活の糧を得られなくなり、海外に活路を求めた。

農業移民としてハワイやカリフォルニアに渡った人々がいた一方で、農家の娘の身売りが横行した。一家の窮乏を救うために、多くの女性が人身売買の周旋業者に自らの生殺与奪権まで譲渡し、海外の妓楼に売られていった。

政府は国民の困窮を知りつつも、今日のような福祉予算を組むわけにもいかなかった。近代産業の育成とインフラ整備にかかる財政支出は莫大だった。政府はこれらの財源を、太政官札という不換紙幣の乱発に頼ったため、物価の騰貴に拍車をかけた。

官営事業は、国内の市場が未成熟のために、みな赤字経営だった。貿易は、低い定率の協定関税によって安価な輸入品が流入し、新興企業は成長を阻害され、国の税収も増えなかった。その一方で、歳出は、殖産興業費や官省経費の他に、軍事費が毎年、全歳出の二割強から三割に達した。

政府は、軍隊の養成に巨額の予算をかけた。鉄や石炭などの資源もすべて、軍事に優先的に分配した。この時代の先進国とは、外交問題の解決を堂々と戦争に訴え、勝利できる国家のことだった。精強な軍隊をつくり、戦争に勝てる国になること、日本の国力を西洋列強国に認知させ、不平等条約を改正することが、明治日本の最大の外交課題だった。

条約改正交渉は、明治四年に欧米を歴訪した岩倉遣欧米使節団が最初に試みて以降、時の外交当局者が折々にのぞんだが、進展はなかった。

明治九年には、寺島宗則外務卿が産業の発展と歳入の増加をめざし、税権の回復を中心に列国と交渉したが、アメリカ以外の国から難色を示されて終わる。

明治十年、イギリス商人・ジョン・ハートレーがアヘンを日本に密輸入しながら、イギリスの領事裁判で無罪となるハートレー事件が起こる。十二年には、清から直航したドイツ船が、日本の衛生当局の検疫を拒否して横浜港に入港し、関東地方にコレラを蔓延させた、ヘスペリア号事件が起こった。二つの事件は、税権以前に法権を回復しなければ、国内の治安と国民の生命を守れないことを明治政府に痛感させた。

明治十九年、井上馨外務卿が法権の回復を中心に列国と交渉に当たっていた最中にも、衝撃的な事件が起こった。

横浜港から神戸港に向かっていたイギリスの貨物船ノルマントン号が、和歌山県紀伊大島沖で暴風雨に遭遇して沈没した。乗員六十四人のうち、日本人二十五人は全員が船倉に閉じ込められたまま死亡した。救助された二十五人は、中国人一人を除き、すべて西洋人だった。生存者には、乗員の安全に責任を負うイギリス人船長も含まれていた。

十一月、神戸のイギリス領事館で開かれた海難審判で、船長とその他の乗務員に「過失なし」という判定が下ると、新聞各紙はこれを激しく非難した。

これまで大多数の国民にとって、政治は遠い世界の出来事であり、不平等条約の弊害もとくに意識されていなかった。「ノルマントン号事件」は、日本の置かれた不条理な国際的立場を広く国民に知らしめた。

井上外務卿は、兵庫県知事に船長を殺人罪でイギリス領事に告訴するよう指示したが、列国との条約改正会議では、日本の改正案に強硬に反対するイギリスに妥協案を示した。

井上の案は、治外法権を撤廃する代わりに、外国人に内地を開放（日本国内の旅行、居住、財産の所有権の承認）し、日本の法律を整備した後の外国人の裁判は、裁判所に過半数の外国人判事を加える、というものだった。

井上の改正案には、ノルマントン号事件の衝撃冷めやらぬ世論をはじめ、政府内からも批判が起こった。外国人の国内居住と外国人判事の任用を認めれば、居留地に限定されていた治外法権を国内全体に広げる恐れがある。全国から改正反対の建白書が政府に殺到すると、井上は翌年七月、列国公使に条約改正会議の延期を伝え、引責辞任した。

井上は、十五年から始まった条約改正の予備会議で、日本を非文明的な後進国とみなす列国公使の冷厳な態度に直面していた。日本は商取引上の民法や刑法などの諸法典が未整備だった。井上は、各種法典の早期の制定を約し、あわせて、日本が文明国であることを示すために、日本の風俗習慣を欧化する政策を推進した。その代表的なものが、東京に建設された鹿鳴館という洋館だった。鹿鳴館に外国の使節を連日招き、舞踏会を開催した井上の「鹿鳴館外交」は、新聞から「猿真似」、「浮薄な媚態」と酷評された。

井上は自らの欧化政策について、兵力に拠らないのであれば、わが国の文化水準の高さを示す他に、欧米から条約改正への理解は得られない、と語った。

不平等条約の改正は、国力を示す最たる指標である軍事力、井上のいう「兵力」に拠るしかなかった。

明治の気概と限界

一八八二（明治十五）年七月、隣国・朝鮮の王府内で「壬午（じんご）の軍乱」が勃発した。

この頃の朝鮮は、国王の外戚の閔（びん）氏一族が政権を掌握し、日本に倣った近代化を推進していた。軍乱は、守旧派の軍人が親日派を一掃するために起こしたクーデターだった。

守旧派は、親日派の重臣と軍事顧問の日本人将校を殺害し、扇動した民衆とともに日本公使館を襲撃した。公使館員らは、銃弾の撃ち込まれた公使館を脱出し、仁川港に逃れ、沖合に停泊していたイギリスの測量船に救助され、長崎に帰還した。

軍乱を鎮圧したのは、朝鮮に軍隊を派遣した清国政府だった。清は軍乱を主導した国王の実父・大院君を清国内に連行し、二ヶ月間監禁した。王妃・閔妃には、以後、清を朝鮮政府の後見とすることを約させ、政権に復帰させた。軍乱後に清の朝鮮への影響力が増大したことは、日本にとって由々しき事態だった。

清はアヘン戦争とその後のアロー戦争の敗北で、イギリスとフランスに領土を侵犯されたが、一八八〇年代に入ると、近代的な軍事力を増強し、朝鮮や安南（ベトナム）などの従来の属国（中華王朝の主催する華夷秩序に属していた国家）への政治介入を積極化した。

日本が西洋流の近代国家化を遂げることで、西洋主体の近代世界への適応を図ったのに対し、清は西洋の文明的所産の導入は必要のかぎりにとどめ、近代版華夷秩序ともいうべき新たな覇権をアジアに確立することで、西洋の脅威に対抗的に処そうとした。朝鮮への介入はその一環だった。

日本にとって、朝鮮半島は安全保障上の要衝だった。明治二十三年十一月に召集された第一回帝国議会で、総理大臣の山縣有朋は、主権線と利益線という国防概念を提唱した。山縣がヨーロッパを歴訪した際に、ウィーンのローレンツ・フォン・シュタインという政治経済学者から講義された近代国防論だった。

主権線とは、国土の範囲を示す国境線を指し、利益線とは、周辺国の政治状況のことをいう。国防を盤石にするには、主権線の防衛だけでは不十分で、周辺国の政権に強い影響力をもち、自国に有益な政策を行わせるよう、誘導するという考え方だ。

日本にとって大陸への出入口である朝鮮半島は、最重要の利益線だった。日本と清の利害は、朝鮮半島をめぐって鋭く対立する。

一八八四（明治十七）年十二月、朝鮮の開化党という親日派が巻き返しのクーデターを起こした。開化党は一時、王宮を占拠し、新政権の樹立を宣言したが、守旧派の要請を受けた清国軍に攻め入られ、三日で王宮を追われた。この間、市街地では日本の商店が襲撃され、在留日本人女性三十人が清の兵隊に凌辱され、殺害された。事前にクーデターへの協力を要請されていた日本公使館員と日本兵百五十人は、開化党の生き残りの要人とともに日本の汽船で朝鮮を脱出した。

「甲申（こうしん）の政変」といわれるこの動乱後、朝鮮国内の親日派は壊滅状態となり、清の朝鮮への主導権はほぼ確立した。

日本政府は、公使館員と日本兵がクーデターに協力していたことを秘匿したため、日本の新聞は日本側を一方的な被害者と書き、朝鮮への武力介入や清への即時開戦を訴えた。

この時、対清開戦を強硬に唱えた一人に、福沢諭吉がいる。

福沢は『学問のすゝめ』、『文明論之概略』などの著書を通じ、西洋の人権思想を国内に普及した第一人者だった。

政治、経済上の自由、国会開設を政府に求める自由民権運動は、藩閥政府の専横に不満をもつ士族を中心に、明治十年代に興隆した。

士族たちは、ルソーの『社会契約論』や、ヴォルテール、モンテスキューなどのフランス革命の理論的根拠を担った天賦人権論を知的実装し、全国各地に民権結社を結成した。民権論議は、新聞を通じて国民に広く知れわたり、国会開設請願運動は、豪農層を中心に国民規模の盛り上がりを見せた。

だが、アジア情勢の緊迫化は、国内問題にすぎない民権論を凌ぎ、外交問題としての国権論を台頭させた。

日本は不平等条約によって、西洋諸国から主権を制限された状態にある。実質的な独立を勝ちとるための国権の拡張は、政府の要人だけでなく、政府に様々な権利を訴えていた在野の士族民権家たちも求めていたことだった。

福沢もまた、内に民権を唱えながら、外に国権を主張した。

明治十四年頃までの福沢は、日本には西洋の脅威から清と朝鮮を守る責務があるとする、興亜論に近い思想を披歴していた。だが、甲申の政変の翌年、『脱亜論』を発表し、「アジア東方の悪友と謝絶」することを説いた。

前近代的な華夷秩序に拘泥する清と朝鮮は、軍事的に平定するしかないという福沢の主張は、日本の国益だけを念頭とし、民権論者の立場から、清国人と朝鮮人の民権を顧慮する発想は皆無だった。

宗主国と植民地に二極化していた当時の世界で、国家のたしかな存立なくして、国民の権利の保全などありようはずもないという認識は、政府から在野の壮士に至るまで自明のことだった。国家主義が先鋭化する近代において、内に民権、外に国権の主張は、開明的でリアリストの福沢だからこそ、その矛盾に何ら拘泥することなく唱えられた。

現実に西洋列強国は、植民地支配下の住民の人権など一顧だにしていなかった。十九世紀の世界は、人権やそれにまつわる人間の諸権利といった近代の理想は、大国の国民だけが享受するものだった。

国内に人権思想を広めた福沢諭吉の業績は、もちろん不朽のものだ。だが、明治十年代に興隆した民権論は、人権という普遍的価値に基づく世界を眺める新しい視野に、日本人を開かせたとはいえない。藩閥政府の専横を掣肘（せいちゅう）するための、在野の壮士の理論武装にとどまった感は否めない。ここに明治という時代の限界があった。

対して国権論は、「天皇制ナショナリズム」ともいうべき、日本人だけの外部領域との強固な対置概念となって、昭和の戦争の時代まで培養されていく。

日本政府は、遠からぬ先の対清開戦を不可避とみなし、十九年以降の四年間で欧米から四十八隻の軍艦を購入する軍備拡張計画を立てる。千七百万円の建艦公債を発行し、国民に広く購入を呼びかけた。

だが、二十三年から開設された議会で、農村地主を支持母体に衆議院の多数を占めた民党は、行政費の削減と減税を政府に求め、新規の軍事予算に反対した。政府は二十四年末に衆議院を解散したが、政府反対派は総選挙に再び勝利し、軍事費の増額を否決した。政府も行政費の削減に応じなかったため、政府と衆議院第一党は水面下で協議し、事態の打開を天皇の聖慮に委ねた。

明治二十六年二月、明治天皇は「和衷協同の詔」を公布する。

明治帝は、――国家軍防の事にいたっては、いやしくも一日を緩くする時は、あるいは百年の悔を遺さん――（『帝国と立憲』坂野潤治　筑摩書房二〇一七）と述べられ、政府に行政費の自発的削減を、議会には軍事費の増額に応ずることを求めた。あわせて――朕、ここに宮廷内の費を省き、六年の間、毎年三十万円を政府に下付――すること、――文武の官僚に命じ、特別の情状のある者を除くほか、六年間、その俸給の一割を返上させ、製艦費の捕捉に充てさせる――と述べられた。

「和衷協同の詔」によって、政府は行政費の削減を、議会は軍事費の増額に応じた。国民は、自ら身を削る御決意を示された明治帝に感銘をおぼえ、全国から二百三万円もの建艦寄付金が寄せられた。

戦うしかなかった

一八九四（明治二十七）年六月、朝鮮で農民の反乱（東学党の乱）が起こり、反乱は朝鮮の南部一帯に拡大した。朝鮮政府から出兵を依頼された清は、巡洋艦と陸兵を派遣し、日本も陸戦隊と陸兵を上陸させた。日本はすでにこの時、対清開戦を決していた。

外務大臣の陸奥宗光は、前年十二月の議会で、――条約達成（不平等条約の改正）の目的を達せんとするには、畢竟我国の進歩、我国の開化が真に亜細亜州中の特別なる文明、強力の国であると云う実証を外国に知らしむるに在り――（『それでも、日本人は「戦争」を選んだ』加藤陽子　新潮文庫二〇一六）と語り、開戦を強く訴えた。

陸奥は、日清両軍が朝鮮で対峙していたこの時、ロンドンで日英通商航海条約に調印した。領事裁判権の撤廃、外国人居留地の廃止、関税率の引き上げなどの不平等条約の一部改正にイギリスが応じたこの条約は、イギリスが日本の開戦を支持したことを意味した。

朝鮮での日本と清の膠着状態を機に、ロシアが南下することを警戒したイギリスは、自国のアジア権益の保全のために、開戦の意思を示した日本をロシアに対抗させる戦略を立てた。日本の軍事力の行使に国益を見いだしたイギリスは、日本を初めて対等な交渉相手国として承認した。

開戦の意思を示せば、不平等条約の改正は端緒につくという陸奥の見通しは、達見だった。日英通商航海条約の締結から九日後、日本は清と戦端を開いた。

海軍省が創設された明治五年の日本の艦船は、木製甲鉄艦二隻、鉄骨木皮艦一隻、木製艦十五隻という、遠洋航海にも耐えられない老朽艦群だった。対清開戦時の海軍は、軍艦三十一隻、水雷艇二十四隻を擁し、連合艦隊を構成するまでの戦力になっていた。対する清も、ドイツ製の巨大戦艦「定遠」、「鎮遠」を中核とする、東洋一といわれた北洋艦隊を擁していた。

七月二十五日、豊島沖で両国の巡洋艦が砲火を交え、日本海軍は清の三艦を敗走させた。陸軍は九月十五日に平壌を落とし、清軍を朝鮮から駆逐する。二日後に黄海で生起した本格海戦は、四時間の激闘の末に、機動力と集弾力に優る日本海軍が勝利した。年末には、陸軍の各部隊が旅順要塞を落とし、海軍は翌年一月、北洋艦隊の残存艦が逼塞する威海衛港に水雷夜襲戦を敢行した。魚雷攻撃で「定遠」を擱座させると、陸軍も背面から敵砲台の攻略に成功する。ここに九ヶ月に及んだ戦争の帰趨は決した。

日本と清の軍隊は、精度と士気に著しい差があった。清の軍隊は、国防意識の希薄な民兵の寄せ集めにすぎなかったが、日本軍は規律が高く、末端の兵まで国難の意識を共有していた。

日本が日清戦争に動員した総兵力は、二十四万六百十六人、戦病死者は一万三千三百九人といわれる。戦費は二億三千三百四十万円（現在の貨幣価値に換算すると約二兆三千三百四十億円）だった。

日本は馬関（下関）講和条約で、朝鮮の独立の承認、遼東半島、台湾、澎湖諸島の割譲、二億両の賠償金の支払い、西洋諸国と同様の最恵国待遇を清から獲得した。

日清戦争の勝利は、近代日本の最初の成功体験といえた。だが、条約の調印から六日後に、戦勝の歓喜は国民的な挫折体験に変わる。

ロシア、フランス、ドイツの三国は、日本の遼東半島の領有は東洋和平を不安定化させるとして、日本に遼東半島の放棄を迫る声明を発した。

ロシアとフランスの軍艦はこの時、日本の複数の港に集結し、日本の返答次第で戦端を開く構えを示していた。戦争で疲弊していた日本に抗する力はなく、やむなく三国の勧告を受け入れ、遼東半島の返還を決めた。

三国干渉は、日本人にとって決定的な体験だった。日本が参入を迫られ、苦心惨憺と適応の努力をつづけてきた近代という時代は、いかなる理不尽も力でまかり通る世界であることを、日本人はこの時、痛切に思い知った。今は苦心を忍び、後に思いを晴らす「臥薪嘗胆（がしんしょうたん）」という言葉が、国民的な標語となった。

平民主義という民権派を標榜していた評論家の徳富蘇峰は、――このこと（遼東半島の放棄）を聞いて以来、予は精神的にほとんど別人となった。しかして、これというのも畢竟すれば、力が足らぬ故である。力が足らなければ、いかなる正義公道も、半文の価値もないと確信するに至った――（『大東亜戦争肯定論』林房雄　中公文庫二〇一四）と語り、民権派から国権派への転向を表明した。

三国干渉は、朝鮮の内政にも影響を与えた。朝鮮では、三国干渉に屈した日本への侮りが芽生え、ロシアに接近する親露派が台頭する。

三国干渉をロシアに依頼した清は、高い代償を支払うことになった。ロシアは一八九六年六月、満洲（現中国東北部。黒竜江省、遼寧省、吉林省）を東西に横断する東清鉄道の敷設権を清から獲得し、九八年には、日本に放棄させた遼東半島の租借権と、遼東半島の南端から東清鉄道と南北に接続する鉄道敷設権を獲得した。

航空機のなかった当時、鉄道は人や物資の最先端の輸送手段だった。満洲を縦横断する鉄道が開通すれば、ロシアは万里の長城以南、朝鮮半島、インドまで陸軍を派兵できるようになる。冬期も凍らない遼東半島の旅順港の獲得により、アジアで海軍を展開することも可能になった。

ロシアの南下政策とは、十七世紀以降にシベリア以南の地をフロンティアと目して以来の伝統的な国策だった。ロシアが一八六〇年の北京条約で清に割譲させた沿海州のウラジオストックという地名は、ロシア語のウラジー＝占領と、オストーク＝東洋をかけあわせたもので、極東制圧の拠点にするというロシアの国家意思を露骨に表していた。

中央アジアから満洲を横断する東清鉄道がウラジオストックまで延びれば、ウラジオストックと地つづきの朝鮮半島は、ロシア軍の射程圏内に入る。ロシアが朝鮮を支配すれば、日本の近海は、ロシアの軍艦が大挙跳梁することになる。朝鮮半島を最重要の利益線とみなす日本にとって、東清鉄道がウラジオストックまで延伸することは、喉元に匕首(あいくち)を突きつけられるに等しいことだった。

日本の約十倍の国力（単年度歳費の比較）を擁し、世界一の陸軍大国といわれるロシアが、日本の新たな脅威として浮上した。

日本政府はさらなる軍拡を構想する。日清戦争直後の第九回帝国議会で、陸海軍部の「日清戦後経営」という軍拡予算が衆議院を通過した。陸軍には向こう八年間で九千万円、海軍には十年間で一億八千万円という巨額の軍事費が特別予算枠で計上された。衆議院の過半数を占める民党は、清から得る賠償金と、遼東半島返還の代償金を軍事拡充費に充て、増税による新規の軍事費を計上しないことを条件に、軍拡予算に賛成した。

一九〇〇年六月、清の排外的秘密結社・義和団が「扶清滅洋」（清を支援し西洋を滅ぼす）を掲げ、武装蜂起した。清国政府は、義和団が北京を占領し、教会や各国大使館を襲撃したのに乗じ、国内に権益をもつ列強各国に宣戦布告した（北清事変）。

各国は共同で軍を派遣し、義和団の暴動を鎮圧したが、ロシアは事変の終息後も軍を撤退させず、北満洲に十万の兵力を配置した。

北京を急襲できる態勢を整えたロシアに、危機感を募らせたのはイギリスだった。南アフリカのボーア戦争に忙殺されていたイギリスは、この時もロシアに日本を対抗させようとした。一九〇二年一月に成立した日英同盟は、日本が清と韓国に、イギリスが清にもつ権益を互いに擁護することをとり決めた条約だった。

日本は、日英同盟がロシアへの抑止力となることを期待したが、ロシアは強硬だった。一九〇三年八月から行われた日露交渉で、日本はロシアの満洲鉄道の権益と満洲での優越的地位を認める代わりに、朝鮮における日本の優越権を求めた。

ロシアは、満洲について日本は論じる資格がない、とにべもない回答をした。朝鮮については、朝鮮海峡のロシア船と軍艦の航行の自由を日本が保障すること、朝鮮半島の北緯三九度以北を中立化し、以南にのみ日本の優越権を与えるが、軍略的使用は認めない、と応じた。ロシアの朝鮮侵攻の余地の残る要求を、日本が受け入れられるはずはなかった。

実際にロシアは、朝鮮半島の支配を視野に入れていた。専制君主国家のロシアでは、国策は大臣の全会一致ではなく、関係各大臣の個別提言がニコライ二世の裁可に直結した。

極東大臣のベゾブラーゾフとその側近たちは、ロシアが朝鮮を支配し、朝鮮に海軍を展開すれば、極東ロシアの海軍力は、最も低予算で保全できると皇帝に提言していた。

日本の朝野は、対露開戦に消極的だった。桂太郎内閣は、開戦の一ヶ月前まで交渉の妥結による戦争回避を模索した。「七博士の建白書」を政府に提出した東京帝国大学の教授グループや、対露同志会などの民間有志の強硬な開戦要求はあったが、国民世論も厭戦感情が支配的だったといわれる。

一九〇四（明治三十七）年二月四日、日本は対露交渉を打ち切り、開戦を決定した。力による国防上の脅威は、力でとり除くしかない。明治以降のあらゆる近代化の努力と国民の苦難は、すべてその力の養いのためにあったからだ。

辛苦の凱歌

日露開戦時の日本海軍は、新鋭戦艦六、重巡洋艦六、軽巡洋艦八、駆逐艦十九、水雷艇十二隻からなる三つの艦隊群を擁し、十年前の日清戦争時の四倍の戦力だった。

ロシア海軍の総戦力はその二倍だったが、国土が広大なユーラシア大陸に跨るロシアは、艦隊戦力が東西に二分し、大戦力を擁するのは北欧のバルチック艦隊（北欧艦隊）だった。

東郷平八郎連合艦隊司令長官に課された使命は、バルチック艦隊の極東回航までに、旅順とウラジオストック軍港に展開するロシアの太平洋艦隊を壊滅させ、なお継戦能力を保持し、決戦海域に回航したバルチック艦隊をも撃破するという、至難きわまりないものだった。

二月八日、日本海軍は仁川港、旅順港に奇襲攻撃をしかけ、戦端を開いた。

ロシア海軍は旅順艦隊を軍港内に保全する策をとったため、日本海軍は港口に老朽艦を沈め、艦隊を港内に封じ込める閉塞作戦を決行した。作戦は二ヶ月余の間に三度反復されたが、閉塞船のほとんどが目標の自沈地点に到達する前に敵の砲撃で沈められた。

旅順艦隊を壊滅するには、陸軍が旅順要塞を落とし、陸海から軍港を挟撃する他なかった。旅順の攻防戦が膠着状態にあった五月、ロシアはバルチック艦隊の極東回航を世界に公表した。

八月、満洲の遼陽で日露の陸軍二十五万が激突した。一進一退の攻防の末に、日本軍はロシア軍を奉天まで後退させた。同じ頃、乃木希典大将の陸軍第三軍は、旅順要塞前方の山稜地帯を攻略した。占領地に配置した重砲隊が旅順軍港を砲撃すると、損傷を恐れた旅順艦隊は外洋に脱出した。ウラジオストック軍港に退避を図った十九隻の艦隊を、東郷艦隊が黄海で捕捉する。敵の旗艦の他、巡洋艦、駆逐艦に壊滅的打撃を与えたが、五隻の戦艦に旅順軍港に帰還されてしまう。

ウラジオストックのロシア巡洋艦隊は、日本の輸送船を標的に通商破壊活動を活発化していた。日本海軍第二戦隊は、蔚山（うるさん）沖で巡洋艦隊を捕捉すると、装甲巡洋艦「リューリック」を撃沈し、「グロモボイ」、「ロシア」に痛撃を与え、巡洋艦隊の無力化に成功する。

陸軍第三軍は、旅順要塞に三度の総攻撃を行い、一万六千の戦死傷者を出しながら、要塞の攻略に失敗した。十一月下旬、乃木に代わり、児玉源太郎満洲軍総参謀長が第三軍の指揮を執った。児玉は攻撃正面をロシア側の要塞化が遅れていた二〇三高地に変更し、六十七回の山頂争奪戦の末に、高地頂上を制圧した。第三軍の山頂からの砲撃と海軍水雷艇の挟撃により、ついに港内の旅順艦隊の残存艦を壊滅した。

太平洋艦隊を無力化した連合艦隊は、二月に朝鮮の鎮海湾根拠地に入った。襲撃、夜戦、接敵運動の猛訓練を連日実施し、バルチック艦隊との決戦に備えた。

もし、この決戦に敗れ、バルチック艦隊に本土進攻を許せば、日本各地の軍港と港湾は壊滅的な被害を被る。東京湾に侵入されれば、日本は降伏も覚悟しなければならない。

バルチック艦隊は、一万五千カイリもの遠洋航海で極度に疲弊しているはずだ。戦備と士気を整えるために、ウラジオストック軍港に一時避退するだろう。ウラジオへの航路は、太平洋を迂回しての津軽海峡、宗谷海峡、最短距離の対馬海峡の三方面が予想された。

五月二十六日、バルチック艦隊の石炭運搬船が上海に向かったという第一級の情報がもたらされた。東郷と参謀たちは、ウラジオへの最短ルートである対馬海峡を決戦海域に絞った。

五月二十七日午前三時、五島列島と済州島の間を哨戒航行していた仮装巡洋艦「信濃丸」がバルチック艦隊を発見した。午後一時三十九分、東郷艦隊は沖ノ島北方十カイリで、二列縦隊で航行するバルチック艦隊を捕捉した。

北進するバルチック艦隊に、東郷艦隊は南進して迫った。距離八千メートルで「三笠」を先頭に、敵のコースを横切る百五十度の大回頭を敢行した。壊滅的打撃を与えるには、敵の艦首を圧する陣形をとらなければならない。艦腹を見せている間の被弾は耐久する。

バルチック艦隊は、東郷艦隊のにわかな回頭に慌て、単従陣形で砲撃してきた。「三笠」の艦上に砲弾が次々と落下する。右舷前部の上甲板が破壊された。東郷艦隊は距離六千四百メートルで敵の艦首を抑え込む陣形を整えると、猛反撃を開始した。戦艦「スウォーロフ」、「オスラービア」、「アレクサンドル三世」の甲板から火炎が上がった。すべての艦艇が黒煙に包まれ、バルチック艦隊は潰走状態となった。

東郷艦隊は、北西に逃れた敵艦を追撃し、夜までに戦艦五隻を撃沈した。翌朝六時、ウラジオストックに向かっていたネボガトフ艦隊を発見する。「アリョール」の甲板に集中砲火を浴びせると、「アリョール」と「ニコライ一世」のマストに、降伏を意味する「ZGE」の万国信号旗が上がった。

世界の海戦史上、類例のない完勝は、日露戦争の日本の勝利を決定づけた。

もはや両国とも継戦は不可能だった。日本の戦費はすでに十七億を超えていた。財源は、累計十三億の国債と外債発行の他に、地租、営業、各種所得税の大増税によるもので、国民負担は限界だった。

ロシアは、戦争の進捗とともに政局が悪化をきわめた。マルクス主義者による反政府運動の激化により、ロマノフ王朝は崩壊の瀬戸際に立たされていた。

日本は戦時中、ロシア公使館付武官の明石元二郎を諜報員としてスウェーデンに派遣し、ロシア国内の革命運動と厭戦感情を扇動する工作を行っていた。開戦に先立ち、アメリカに早期講和の斡旋を依頼していたことも、有利な戦況下での終戦を可能にした。戦闘以外の分野での備えが、日本の辛勝をたぐり寄せた。

日本が日露戦争に動員した兵員数は、日清戦争の約四倍の百九万人とされ、戦病死者も、日清戦争の約六倍の八万八千四百二十九人という数字が残っている。

一九〇五（明治三十八）年九月五日、アメリカのポーツマスで、日露講和条約が締結された。日本はロシアから、朝鮮半島の優越権、北緯五十度以南の樺太、旅順─長春間の南満洲支線と付属地の炭鉱租借権、関東洲（旅順・大連を含む遼東半島南部）の租借権を譲渡された。賠償金はロシアが支払いを拒絶したため、日本も断念した。

ほんとうの受難

日露戦争の勝利は、近代日本の大きな分岐点となった。

ポーツマス条約から六年以内に起こった二つの外交上の出来事は、西洋諸国が日本をアジアの新興大国として承認したことを意味した。

まずは、不平等条約の完全改正が実現する。

日本は日清戦争の直前にイギリスと、戦勝後は他の欧米諸国からも、領事裁判権の撤廃と関税自主権の一部回復を実現したが、一九一一（明治四十四）年、すべての条約締結国から関税自主権を回復した。不平等条約の締結から五十三年、明治のほぼ全期間を費やし、日本の悲願は成就した。

もう一つは、列強各国のアジアの支配域を確定するための、アジアの軍事的空白を日本が埋めること、朝鮮半島の併合だった。

イギリスは日露戦争の直前まで、ロシアの南下の防波堤として、韓国（朝鮮は一八九七年に国号を大韓帝国と改めた）の独立を支持していたが、日本の戦勝が確実になると、終戦間際に方針を転換した。政府の分裂が常態化していた韓国に名目上の独立を与えることは、北東アジアの不安定要因を増幅させるとして、イギリスは、一九〇七年九月、インド支配の承認とインドの共同防衛を条件に、日本の韓国支配を承認した（第二次日英同盟協約）。

ロシアは同年七月、日本の南満洲と韓国支配を承認（第一次日露協約）し、フランスも同年六月に、インドシナ支配の承認と引き換えに日本の韓国支配を承認した（日仏協約）。アメリカはすでにポーツマス条約締結の二ヶ月前に日本と外交協定を結び、アメリカのフィリピン支配と日本の韓国支配を相互に承認していた（桂・タフト協定）。

一九一〇（明治四十三）年八月二十九日、日本と韓国は「韓国併合ニ関スル条約」を締結し、日本は韓国を自国領化した。

——力を行使できる強い国は、「合法的」要求（外交ないしは通商関係の）を通すために「後れた」地域に力をつかう。ひとたび要求が通れば、条約に書き込む。この手続きによってすべての行為が「合法」化される。弱小国（後進地域の住民）が対等の関係を望むなら、強大国のために貢献して新たな地位を得るか、要求を出せるだけの力をもつことだ——（『アメリカの鏡・日本』ヘレン・ミアーズ　角川ソフィア文庫二〇一五）。

帝国主義全盛の当時の国家関係は、右の一文に集約される。

日本は、国家的地位を向上させる方策を欧米から学び、その実践として二度の戦争にのぞみ、勝利した。列強国に「要求を出せるだけの力」をもち、不平等条約の改正を実現した。韓国の併合は、新興大国となった日本に課せられた国際慣行であり、アジアの支配域の確定を望む「強大国のための貢献」だった。

今日も、政治家や有識者といわれる人々は、日本の国際社会からの孤立を恐れ、「グローバルスタンダードへの適応」を金言のように口にする。

韓国の併合は、当時のグローバルスタンダードへの適応、そのものだった。

もっといえば、明治以降の「文明開化」、「殖産興業」、「富国強兵」のすべてが、日本を世界標準の強国（近代国家）とするための国策であり、それはその推進過程で、日本もまた、非文明的とみなした異国や異民族に、力による帝国主義外交を実践してみせることに他ならなかった。

日本は明治元年に、朝鮮に近代的国交の樹立を求めた。朝鮮はこの時、日本の書契（外交文書）にある「天皇」の「皇」の文字は、中国の皇帝にしか使用が許されず、非礼であるとして、書契の受けとりを拒絶した。

朝鮮は、中華の皇帝に「臣下の礼」をとる清の服属国だった。朝鮮にとって華夷秩序に属さない日本は、歴史的に「和夷」という侮蔑の対象であり、日本が西洋諸国と条約関係に入ると、今度は「仮洋夷」と呼び始め、日本と西洋諸国に門戸を閉ざしつづけた。

明治六年八月、留守政府の筆頭参議だった西郷隆盛は、自らが朝鮮に赴き、朝鮮に公理公道を説いて門戸を開かせると主張した。大久保利通や岩倉具視ら、遣欧米使節団の帰国を待って開かれた閣議で、西郷の朝鮮派遣は一度は決定した。だが、欧米の先進的文明を目の当たりにし、内治優先の方針を掲げる大久保らは、西郷の派遣は朝鮮との武力衝突に至る恐れがあるとして、十月に天皇に諮り、西郷の派遣を無期延期という事実上の廃案に追い込んだ。西郷はこれを不服として参議を辞し、政府を去った。

西郷が下野した後に、政府内に専制的体制を敷いた大久保は、明治八年九月、朝鮮近海に軍艦を派遣し、無断で測量を行うなど、朝鮮側の攻撃を故意に誘発した。日本の挑発行為は両国の砲撃戦に発展し、日本軍は朝鮮の砲台を破壊した上に、朝鮮人三十五人を殺害した（江華島事件）。

政府はこの事件を奇貨として、朝鮮側を交渉の席に着かせた。翌年二月、日本の領事裁判権の承認と、朝鮮側の関税自主権の剥奪をとり決めた日朝修好条規を締結し、朝鮮と近代的国交を樹立した。日本は条約交渉中も、朝鮮近海に軍艦六隻を遊弋（ゆうよく）させ、ペリーの砲艦外交を彷彿とさせる軍事的威嚇を行っていた。

江華島事件を主導したのは、西郷の派遣を朝鮮との武力衝突の恐れがあるとして反対した大久保利通だった。大久保が西郷の派遣を廃案に追い込んだのは、西郷の影響力が政府内に高まることを危惧したためだったといわれている。

西郷隆盛は、その人品骨柄から、士族のみならず、民衆からも声望を博し、儒者としての素養も高かった。西郷が徒手空拳で朝鮮に赴き、アジアの儒教的普遍倫理に基づく信頼醸成から、朝鮮との国交樹立を実現していたら、その後の日韓関係はもちろん、近代アジア史は大きく変わっていたと思う。

幕末の国論の一つに、勝海舟や平野国臣の提唱した、西洋のアジア進出の脅威に、清や朝鮮と連携して対抗すべきという、アジア連帯論があった。

西郷が朝鮮に試みようとした、アジア連帯論にも通じる儒教倫理的な外交は、明治六年という時点で成り立つものだったのだろうか。

後の明治政府となる復古政府は、慶応三（一八六七）年十二月の王政復古のクーデターで成立した。復古政府は、大政奉還後も権勢を保持する旧幕府勢力との内戦を前に、大きなジレンマに陥った。

西洋諸国が日本の代表政府として承認しているのは、あくまでも幕府だった。西洋諸国は、復古政府の中心勢力である長州藩には、攘夷派が大挙していることも知っていた。復古政府は、かような西洋諸国に倒幕内戦への干渉を控えさせ、自らを日本の新たな代表政府として承認させなければならなかった。

慶応四年一月、復古政府は睦仁天皇（後の明治天皇）に「開国の詔」を賜い、自らも西洋諸国に「開国和親の表明」を行った。これは、幕末以来の国論の趨勢だった攘夷を放棄し、幕府の締結した条約を、復古政府も継承することを西洋諸国に約したものだった。

同年三月に、天皇が国内に向けて公布した「五箇条の御誓文」にも、同様の含意があったといわれる。御誓文の条文にある「智識を世界に求め」とは、西洋世界に倣う、ということであり、「旧来の陋習（ろうしゅう）を破り」とは、攘夷の放棄を意味していたという。

天皇の「開国の詔」と「五箇条の御誓文」、復古政府の「開国和親の表明」は、幕府体制刷新後の新たな日本政府は、西洋主体の国際秩序を尊重し、西洋標準の近代国家をめざすという国内外への宣言に他ならなかった。

この時点で、儒教倫理（狭義には朱子学）という伝統的な汎アジア思想に基づくアジア諸国との連帯は、後の明治政府の外交方針とはなりえないものとなっていた。

西洋主体の国際秩序に倣い、西洋標準の近代国家をめざすとした以上、日本は、自らが後進性を理由に西洋諸国から不平等条約を課されたように、前近代的な華夷秩序に固執する朝鮮に、堂々と不平等条約を強いらなければならなかった。

イギリスのインド併合と、アヘン戦争以降の清への侵略が合法とされるような、すでにアジアを併呑していた西洋の秩序に則ることを表明していた日本にとって、明治八年の江華島事件から不平等条約締結までの朝鮮に対する一連の帝国主義外交は、むしろ時宜にかなった穏当な外交でさえあった。アジア諸国間にしか流通しない、前近代的な儒教倫理に基づく外交を行うことこそ、西洋諸国に表明した開国和親への背信だった。

十九世紀中葉から二十世紀初頭の国家のあり方は、植民地をもつか、植民地にされるかのどちらかしかなかった。

アジアでは日本の他に、タイとネパールが西洋列強国の植民地化を免れたが、両国は地政学的な僥倖から、列強の分割競争から漏れたにすぎない。列強が帝国主義的進出の対象としたアフリカ、アジア地域のなかで、近代化を能動的に推進し、西洋列強国と対等の地位を築いたのは日本だけだった。

明治維新を、軍事以外の西洋の先進的文物の摂取のみにとどめ、欧米との不平等条約の改正をめざすことは可能だっただろうか。

身分制度の改廃、すべての子弟の教育の機会の実現、鉄道や電信などのインフラ整備、産業の育成など、明治維新によって興され、現在の私たちも享受しているこれら近代文明の所産は、近代的な軍事力の養成と不即不離だった。何よりも、軍事力を後ろ盾に、劣っているとみなした国家に非文明の烙印を捺(お)してみせることこそ、文明国の証だった。

近代という新たな時代に、国を開いた日本人のほんとうの受難とは、江戸時代の太平楽との決別でも、不平等条約の下での過酷な国家運営でもない。

自らの独立と発展のために、他国に犠牲を強いる心性を、積極的に抱いたことだ。

近代世界を生き抜くことの何たるかを、欧米から実直に学んだ後発国であったがために、近代の原理主義は、至って日本人に深く浸透したといえるのかもしれない。

日本人はその原理主義を、昭和の戦争期まで、ひたむきに信奉した。

帝国雄飛

開国から日露戦争までの日本は、近代世界に生き残ること、独立を守ることを命題としていた。日露戦争後の国家目標は、大国としていかに興隆するかへと跳躍した。

帝国化の本格始動だった。

ポーツマス条約から二年後、韓国併合の三年前の明治四十年四月、山縣有朋を中心とする軍部は、「帝国国防方針」という今後の国防の基本戦略を策定した。

支配域となることが確実となった韓国に加え、新たに権益を獲得した南満洲も利益線に組み込み、これらの利益線の擁護は日本の発展上不可欠であるとして、——我ガ国権ヲ侵害セムトスル国ニ対シ、少ナクモ東亜に在リテハ攻勢ヲ取リ得ル如クヲ要ス——という、攻勢的国防論を主唱した。

従来の利益線の考え方は、近接国の政治状況を、日本に好意的中立に誘導することだったが、「帝国国防方針」では、日本の国権そのものが南満洲、韓国に及ぶとし、利益線を勢力圏に治める膨張主義への転換だった。そのための所用兵力として、陸軍は、平時二十五個師団、戦時五十個師団を編成し、海軍は、新鋭八・八艦隊と旧型巡洋戦艦八隻を建造するという、日露戦争時の二倍の軍拡を構想した。

膨張主義という新たな国家方針は、政府も共有していた。小村寿太郎外務大臣は、明治四十一年二月の議会で「満韓移民集中論」を提唱する。

国内の経済困窮者を救済するための官制移民は、明治十八年から始まっていた。移民の主な送り出し先は北米と南米だったが、黄色人種の日本人は、白人中心の現地社会の最下層に身分を位置付けられ、激しい差別と迫害にさらされていた。だが、日本の法律の及ぶ満洲権益と韓国への移民は、日本人の立場が地域の社会序列の最上位となることから、理想的な移民形態とされた。政府は昭和期に入ると、帝国の版図をアジア全域に拡大するために、日本人とアジア諸民族の婚姻を推奨するようになるが、小村の「満韓移民集中論」は、帝国日本建設という国策の端緒といえるものだった。

「近代」の国家主義は、戦死者を畏敬すべき存在にする。巨万の国民の犠牲と引き換えに獲得した戦果は、神話のごとく語られ、日本人の屍の眠る戦場は聖域とみなされていく。

日清、日露戦争の戦場となった満洲、その満洲の鉄道権益は、「二十万の資財と二十万の生霊」によって贖（あがな）った国運進展の象徴と謳われるようになる。昭和恐慌以降の大不況下では、莫大な開発資金を投じた近隣の東部内蒙古とあわせ、「満蒙は日本の生命線」と称された。

第一次大戦後の中国では、民族自決の世界的な趨勢から、排外的な民族主義が台頭する。日本の満蒙権益は、中国の民衆規模の抗日運動の下で、しだいに存立が脅かされていく。

一九三一（昭和六）年九月、関東軍（満洲駐留の日本陸軍）は、満鉄線の爆破という自作自演の謀略から満洲事変をひき起こした。日本の権益を超え、満洲全土を制圧した満洲事変は、張学良軍閥の積年の排日行為に憤っていた国民の熱烈な支持を受け、陸軍中央と政府を関東軍追認に転じさせ、満洲国という新国家の建設に帰着した。

満洲国を非承認とする国連調査団の最終報告書が国連で可決されると、日本は国際連盟を脱退し、ワシントン条約以来の国際協調路線から孤立化の道を進んだ。

中国の国策は、満洲事変以降、西安事件、国共合作を経て、日本帝国主義の打倒に収斂する。一九三七（昭和十二）年七月の盧溝橋事件を機に、日本と中国は全面戦争（支那事変）に突入した。中国本土を戦場とした支那事変で、日本軍は欧米の権益が稠密する都市部で大規模な市街戦を行った。アメリカは中国を軍事支援し、日本への経済制裁を段階的に実施する。

一九四一（昭和十六）年七月、日本軍が事変の長期化に備え、自前の資源調達のために南部仏印に進駐すると、アメリカは対日石油禁輸と日本の在米資産の凍結に踏み切った。日本は石油輸入の七十五％をアメリカに依存していた。石油の備蓄が尽きれば、やがては国民生活も破綻する。対米開戦が必至ならば、国力の懸隔の少ない早期の開戦が望ましいとして、同年十二月八日、陸軍のマレー半島上陸作戦と海軍の真珠湾奇襲攻撃によって、アメリカ、イギリスと戦端を開いた。大英連邦の構成国であるオーストラリア、イギリスのオランダ亡命政府も日本に宣戦布告し、両国とも交戦状態に入った。日本は継戦中の支那事変を含め、五ヶ国と交戦する未曽有の規模の戦争に突入した。

大日本帝国は、大東亜戦争の敗戦によって崩壊する。

敗戦後の日本は、帝国主義の先達であり、近代世界を生きる手本としてきた欧米諸国から、悪しき侵略国家として断罪された。

第一次大戦後に、世界の五大国にまで昇りつめた国際的地位は失墜し、アジアで最高度の近代的発展を遂げた国土は、隈なく灰燼に帰した。

大東亜戦争の主戦は、もちろん日米戦争だった。日米の軋轢の端緒は、両国がともに中国大陸への勢力伸長を図った、二十世紀初頭に遡るといえる。

日露戦争後の日本は、中国大陸に排他的権益の獲得をめざす帝国化を推進したが、アメリカもまた、一八九八年の米西戦争に勝利し、アジア進出の拠点としてグァムとフィリピンを領有すると、伝統的国是のモンロー主義を放擲（ほうてき）し、中国利権の追求を国策とする帝国に変貌した。

アメリカは、日本の勢力拡大を最も警戒した国だった。日露戦争後は、それまで日本に好意的だった政策を一変し、日本を仮想敵とする「オレンジ計画」という対日戦争計画を策定した。

日本がロシアを破った衝撃は、黄禍論（白色人種中心の世界を有色人種が脅かすという被害妄想）をアメリカ社会の庶民レベルにまで浸透させた。黄禍論はカリフォルニアの日本人移民の排斥運動を経て、一九二四年の「排日移民法」の制定に至る。

アメリカは、中国市場の門戸解放を執拗に求めながら、自国の経済圏の中南米市場は閉鎖主義をとり、対日規制をことあるごとに強化した。一九二九年の世界恐慌後にアメリカの構築したドルブロック経済圏は、日本製品の排斥を露骨に企図したものだった。スターリングブロックという排他的経済圏を形成し、やはり日本製品を締め出したイギリスも、アメリカと同様に自国の支配圏内で自給自足が可能な国だった。

天然資源に乏しく、貿易に依拠しなければ存立できない日本にとって、アメリカ、イギリスの関税障壁は、日本人の生存権を脅かしてあまりあるものだった。その意味で、日本が満洲、華北、華中に円ブロック経済圏の構築を企図したことに必然性はあったが、日米関係を損ねた重責は当然、日本にもある。

日本は、第一次大戦後のワシントン体制というアメリカ主導のアジア秩序の制定に積極的に賛同しながら、満洲事変後はこれを毀損する立場に転じた。アメリカ、イギリスは、満洲国を事実上、黙認するという大きな譲歩をしたにもかかわらず、日本軍は盧溝橋事件以降、中国本土を軍事的に席巻し、政府は事変の最中に、東亜新秩序という日本主導の新たなアジア秩序の制定を一方的に宣言した。

ドイツ、イタリアとの三国軍事同盟は、後にソ連を含めた四国同盟に発展させ、アメリカの対日戦意を挫くという構想のもとに締結された。だが、ドイツが第三国（事実上のアメリカ）と交戦した場合、日本にも自動参戦義務が生じる三国同盟の締結によって、以降の日米二国間の和平交渉はほぼ無意味なものとなった。

国際政治は、善悪ではなく、賢愚がものをいう。超大国のアメリカを含む五ヶ国との戦争を招来した日本の外交は、愚かしかったといわざるをえない。

日本はいつからか、国家権力の中枢がどこに所在するのか不明な、一元化した国家意思を発動できない国になっていた。

満洲事変以降、大陸の出先の軍隊は、武功さえあげれば栄達に転化するとして、独断による軍事行動を常態化し、政府は軍の出来（しゅったい）した既成事実の追認をくりかえした。政府が中国への内政不干渉を宣明する一方で、陸軍は内蒙古、華北の分離工作を進めるなど、政府と軍の二元外交の弊害はついに是正されなかった。

かような国政の機能不全は、軍の統帥権が政治から分離していた憲法上の弊害、政党内閣の終焉と後の議会の空洞化など、様々な原因が今日まで指摘されている。

黄禍論の充溢したアメリカ社会では、遠くない将来に、人種摩擦の帰結としての日米戦争が、必ず生起すると語られた。アメリカで広がった日本人移民排斥の情勢に、絶望感の満ちた日本国内でも、同様の声はあがった。日米戦争宿命論は、両国の巷間で多くの小説の題材にもなった。

日米戦争は、日米両政府の思惑や人為を超えた次元で、宿命的に起こるものだったのだとしたら、日本はアメリカとの戦争をいかに戦うべきだったのか。

大東亜戦争には、直近の外交上の軋轢を超えた、壮大な人類史的テーマが付随していた。日米の軍事衝突の意味を人類史的視点から俯瞰した時、私は、日米戦争の大義は、圧倒的に日本にあったと思っている。

日本は、五ヶ国と交戦する無謀な戦争を行ったから破滅したのではない。大東亜戦争を正しく戦うことができなかったから、亡国に至った。そう考えている。

かつて復古政府の唱えた、西洋主体の近代世界への順応宣言である「開国和親の表明」は、その西洋諸国と全面的に相対した大東亜戦争の開戦によって、無効となった。

明治以来の、西洋に追随する国策は終焉した。

日本は、正しく、日本に帰るしかなかった。

大東亜戦争は、いかに戦われるべきだったのか。

それについては、後述したい。

海軍という感情のふるさと

「舞鶴赤れんがパーク」までやってきた。

幾棟とある倉庫は、レストラン街や郷土物産展の会場など、多目的に利用されていた。どこも大勢の家族連れで賑わっている。

スマホの時刻は三時を示していた。とある倉庫のセルフサービスの飲食店で、アイスコーヒーと海軍カレーを注文した。混雑した飲食スペースの端の席で、遅めの昼食を食べ始めてすぐに、カレーは今朝、ホテルのバイキングで食べたことを思い出した。舞鶴といえば海軍、海軍といえばカレーなのだからこれでいい。

テーブル席を囲う壁のパネルに、「日本のカレーはなぜ海軍発祥なのか」という豆情報が書かれていた。それによると、かつて明治の海軍人たちが研修でイギリスを訪れた時に、植民地のインドから伝わったカレーを初めて食べたことに由来する、とあった。あまりの美味しさに舌を巻いた海軍人たちは、帰国すると、もち帰ったルーに片栗粉を入れてとろみを出すなどして、日本米にあう独特のカレーを作ったという。

最近はルーのさらさらしたスープカレーが人気だけれど、あれは本場のインドのカレーに近いのだろうか。私は子供の頃から馴染んでいる、ルーにとろみのあるカレーの方が好きだ。私のカレーの嗜好性のルーツには、明治の海軍人が関わっていたことを知った。

食事を終え、何気なく入った隣の倉庫は、ハンドメイドの衣服や装飾品の出店で賑わっていた。ショップをひと通り見てまわり、とあるアクセサリー屋さんで、青いガラス細工のネックレスを買った。

倉庫の隘路を伝い、港へ。庫内は冷房が効きすぎていた。吹きわたる潮風をことさら清(すが)しく感じる。

岸壁の傍らに、この辺りで発掘されたらしい縄文時代のくり船が置かれていた。かき氷屋の出店の人だかりを抜け、人けのない東の小山へ向かった。

小山は、ホテルでもらった散策マップに「夕潮台公園」と記されている。「測量図」の同じ場所には山林を示す模様だけが描かれている。小山に沿って北東方向に並ぶ建屋に「2起重機」の表記があり、数字の4の形に似た半島の突端部に「建築部」、「港務部」とある。

散策マップを見ると、「2起重機」の辺りには、「市制記念館」や「体育館」、「赤れんが博物館」の表記があり、突端部にも「文化会館」、「みなと公園」とある。民間人が立ち入れなかった軍用地は今、誰もが自由に往来できる空間に変わった。

二十七号線を、東舞鶴駅前の市街地方向へ。

先ほど寄ったセブンイレブンをすぎた辺りの沿道に、人家や商店の連なりを見渡す。古めかしい長屋風のアパートの扉に「空室あり　自衛隊さん歓迎　ガス水道無料」と書かれた貼り紙があった。工廠の時代にも、市外から転任してきた技官のなかには、民家に下宿する人がいたらしい。当時もそこかしこの民家の軒先に、同じような貼り紙があったのかもしれない。主語が「海軍さん」から「自衛隊さん」に変わっただけの、往時の舞鶴の景色を見つけた気がした。

市街地の西側を流れる、寺川までやってきた。

架かる橋はわりと新しいものだ。親柱に「新舞鶴市街図」の記載と同じ「白糸橋」とある。

五メートルほどの橋を渡り、川沿いを少し北に行ったところで、リュックから「新舞鶴下士卒家族共勵會」という写真の載った絵はがきをとり出した。この建物は、古地図にこの先の右手に記されている。

「新舞鶴下士卒家族共勵會」の写真は、舞鶴浪漫とでも謳いたくなるような、雅趣に溢れている。寺川に浮かぶ小船に、鳥打帽をかぶった背広姿の男性が立っている。川縁の四本の大樹は、川面

絵はがき【新舞鶴下士卒家族共勵會】

に向かって太い幹を斜めに伸ばし、盛大に枝葉を広げている。木陰には傘を差した着物姿の女性。それらの背景に、板塀をめぐらせた共勵會の日本家屋がたたずんでいる。

古地図の同じ場所には、マンションが立っていた。絵はがきの写真を映したとおぼしき寺川の川辺から、今の景観を眺めてみる。

写真の、路傍からなだらかに川に落ち込む土塀は、コンクリートで固められている。街路樹も背の低い小ぶりなものに変わり、バラバラの角度で植えられている。

川に浮かぶ小舟も、着物姿の女性のたたずみも、およそ馴染まないこの景観に、シャッターを向ける写真家も、絵心を刺激される画家もいないと思う。

街から、絵が失われて久しい。

河川には、台風や豪雨時の氾濫を堰き止める堤防を設えなければならないし、マンションならば、防犯性と耐震性に優れていなければいけない。現代の建築物に求められるのは、何よりも利便性と機能性だ。それらを満たした建物が、空間全体を視覚的に無味乾燥なものとしてしまうのは仕方のないことなのだろう。現在は、建築資材の統一基準によって、必要な機能を備えたあらゆる建物を、全国どこにでも速やかに造成することができる。その代わりに、似たような無個性な街が日本中にできあがる。

近代的とは、こういうことなのだ。

かつては家一軒、橋一つに至るまで、すべて一点ものだった。建物とは、作り手や設計者の美意識を投影するものであり、そこには周囲の景観との調和が意識されていた。

神社仏閣など、歴史的な造形美を堪能できる建築物は、もちろん今の日本にも残されている。でもかつては、舞鶴の小さな街角さえも絵画性に溢れていたことを、この絵はがきは教えてくれる。

徹底した高機能性と引き換えに、景観から最も絵が失われた街は、東京ではないだろうか。今、日本橋の真上には、首都高速の高架が覆いかぶさるように架かっている。上野駅の正面には、高速道路と立体歩道橋が交差している。日本橋と上野駅舎という、意匠を凝らした歴史的遺構の眺望は著しく損なわれ、そのことを憂うる声もさして聞かれない。

高機能ながら、没絵画的な東京の街並みに、先進国の繁栄よりも、敗戦国の悲哀を感じるのは私だけだろうか。

戦後、一面の焦土から出発した日本の首都・東京は、経済的な繁栄だけを拙速に求めたために、今日のような、即物的で無機質な景観になり代わってしまったのではないか。街空間の造形に関する、唯物論的な戦後マインドのようなものが、東京から日本中に伝播し、舞鶴の街角からも、かつての雅趣が失われてしまった。そんなふうにも思える。

「新舞鶴市街図」には、ここより少し北側に「海軍下士官兵集会所」の表記がある。港に近い海岸通り沿いにあり、その一画は界隈のなかでもひと際大きく描かれている。

行ってみたその場所は、敷地の外周に延々とフェンスがめぐらされていた。施錠された鉄扉の隣に「NHK舞鶴ラジオ放送局」の看板が下がっていた。

すぐの四辻に橋がある。港に一番近い、寺川の最北の橋。

古地図には「海軍橋」と記されている。

橋の先に、夕潮台公園の小山を仰ぎ見る。「海軍橋」の名の通り、戦前はこの橋を越えた先のどこかにも、小山の向こうの海軍エリアに通じる入場門があったのかもしれない。

橋の親柱を覗くと「ゆうしおはし」と彫られていた。

戦後、海軍はこの国から存在ごとなくなった。舞鶴はその消失を最も重く受けとめた街だったと思う。かつてこの橋を渡った先には、民間人の立ち入れない厳かな空間が広がっていた。「海軍橋」という名称には、街の人々の海軍への畏敬と愛着が込められていたのではないだろうか。

ゆうしお、という言葉には、どこか追憶的な響きがある。夕陽は、落日の象徴であり、潮は、海そのものだ。

戦後の舞鶴の人々は、かつての帝国海軍を、橋の上からそっと偲ぼうと、この名称に改めたのかもしれない。

郷愁喫茶

「下士卒家族共勵會」跡のマンションまで戻った。角を東へ折れ、古地図に「富士通」と記されている通りを行った。

　マンションの並びに喫茶店があった。

　二つのアーチ窓が、昭和のレトロな雰囲気を醸している。窓から覗く店内の半円形にめくれた左右の白いカーテンが、上品でかわいらしい。

「TEA ROOM　銀杏」という看板のあるその店の扉を開くと、店内は人けがなく、照明も落ちていた。準備中なのだろうか。と、正面のカウンターの奥から、いらっしゃいませ、と声がした。

　窓際の席に座った私に、年配のママさんがお冷をもってやってきた。見せてもらったメニューに、コールコーヒーとある。これ何ですか、とたずねると、アイスコーヒーやね、とママさん。

　コールコーヒーを注文し、待っている間、「舞鶴軍港測量図」をテーブルに広げ、今日辿った道すじを思い返していると、コールコーヒーを運んできたママさんが、傍らから地図を覗き、これ何ですの？　とたずねてきた。

　昔の海軍の地図です。

　へぇ、こんなん初めて見たわ。ママさんはまじまじと地図を見つめた。

　今日これ見ながら、東舞鶴から昔の中舞鶴を往復してきたんです。

　歩いて？　はい。よう歩いたね、旅行？　ええ、東京から来ました。

　いつまでおるん？　明後日まで舞鶴にいます。明日は西舞鶴に行こうと思って。

　ああ、西の方もね、昔の軍の関係のがいろいろあるよ、あれ何ていうたかな、建部山の頂上にあんの、ちょっと待って。

　カウンターの奥に下がったママさんは、一冊の厚い写真集を手にして戻ってきた。よかったら見て、と差し出してくれたそれは、『ふるさとの思い出写真集　明治　大正　昭和　舞鶴』と題された

Ａ３サイズの豪華版だった。

頁をひらくと、往年の舞鶴のモノクロの風景写真が満載だった。新舞鶴の駅頭、市街地、丘の上の鎮守府。工廠の各施設、機関学校生たちの実習風景。走る中舞鶴線、沿線の軍港道路を行き交う海軍人たち。

輸送艦に乗船した兵士たちを、桟橋から大勢の人々が見送っている一枚があった。「渡満する郷土陸軍部隊」というキャプションの付いた文章に、昭和十年に五条桟橋から満洲国に渡った陸軍兵、といった内容のことが書かれていた。

五条桟橋は、ここからすぐの五条海岸に、戦後の一時期まで架けられていた浮き桟橋だ。『舞廠造機部の昭和史』に、舞鶴東地区の港は、今の夕潮台公園の小山を挟み、西側の大きな港は海軍が、東側の五条海岸のある狭小な港は陸軍が使用していた、と書かれていた。

傍らから写真集を覗いていたママさんは、「舞鶴軍港西門」という写真を指差した。昔、こんな門があったらしいよ。ここくぐらんと軍港に入られへんかったんやて。

「新舞鶴市街図」と「測量図」にも「東門」の記載はある。「新舞鶴市街図」には、往路にコーラを買ったコンビニの辺りに中舞鶴線の駅を示す「とうもん」の表記があった。この「西門」はどちらの古地図にも載っていない。

私は「舞鶴重砲兵大隊」というキャプションの付いた一枚を指し、あの、さっき仰った西舞鶴の遺跡ってこれのことですか、とたずねた。これもそうやね、今、日星高校になっとるよ、これ。

舞鶴重砲兵大隊（昭和十一年に連隊に昇格）の兵営の跡地は、今は高校の敷地になっていることは知っていた。兵営時代の門が、学校の正門として残されているらしい。

舞鶴には、海軍施設の防衛を任務とする陸軍の要塞司令部も置かれていた。関東軍参謀副長の職を辞した石原莞爾が、満洲国から内地に帰還して赴任した先が、舞鶴要塞司令官だった。
ちょっといい？　ママさんは写真集を手にとって頁をめくり、これこれ、と「舞鶴重砲兵大隊営舎」というキャプションの付いた写真を指差した。

この山にな、今も要塞があんねん。ママさんは営舎ではなく、背後の山を指していった。

要塞って、今も見られるんですか。見られるよ。ずいぶん前に見に行ってね、あんまり立派やからここ住めそやな思うたもん、とママさんは笑った。

登山道とかあるんですか。あったと思うで、途中まではたしか車で行けたんちゃうかな。

扉の開く音とともに、初老の男性が店に入ってきた。ママさんはその人に、なぁ、建部山の要塞ってどうやって行くんやったっけ、と挨拶も抜きにたずねた。男性は、なんや、昔の軍のか、といいながら入口近くの席に腰を下ろした。

ママさんは男性としばし話し込み、私に向き直ると、西舞鶴に行ったら詳しくわかると思うけど、たしか歩いていける道はあったはずよ、といって男性の飲み物を用意しにか、厨房へ入っていった。

その後もう一人やってきた、やはり常連さんらしい男性とママさんが話をしている間、私はゆっくりと写真集を眺め、二杯目のコールコーヒーを飲み終えたところで席を立った。

レジの前で礼をいい、写真集を返すと、ママさんは建部山の要塞のことをたずねた初老の男性に、この人な、東京の人で、歩いて軍の遺跡とか見てまわってるんやて。すごいなぁ、明日は西に行くんやて、と話した。

初老の男性は、西舞鶴駅の裏に歴史資料館があるよ、といった。ある個人の方が有志で管理している資料館で、その管理人さんの日程が空いていれば、明日見学できるという。

ちょっと聞いてみるよ、と男性は、知りあいらしいその資料館の管理人さんに電話をかけ、ああ、今ね、東京からお客さんが歩いてみえててね、舞鶴の昔の歴史のことを知りたいらしくてね、と話し始めた。

私は会計をしてもらいながらママさんに、あの仰り方だと、先方さんに自分が東京から舞鶴まで歩いてきたみたいに聞こえませんか、といった。ママさんは、ああ、そやね、と可笑しそうに笑った。

話を終えて電話を切った男性は、明日は何か用事があるらしくてね、資料館は開けられないらしいよ、といった。私は、そういう資料館があることをおぼえておきます、と礼を述べた。

コールコーヒーの美味しかったことを伝え、店を出ようとすると、また舞鶴に来たら寄ってね、とママさん。つづけて声を落とし、ここから西舞鶴まではどう行くん？　歩いて行くのかと訝しんでいるようだ。電車で行きます、というと、さすがにそうやね、とママさんは笑った。舞鶴の東西間を歩くことは考えたことがなかった。いつか歩いてみよう、そう思いながら店を出た。

「新舞鶴市街図」には、喫茶店の並びに「旅館白糸」の表記がある。

明治十三年創業の老舗旅館で、平成二十五年に、百三十年以上つづいた歴史に幕を下ろした。旅に出る前に、格調高いその日本家屋を写真で目にした。東郷平八郎も敷居を跨いだというこの旅館に、私も泊まってみたかった。

戦前の名の通った旅館や料亭は、妓楼も兼ねていた。酒宴を飾る女性たちが、上客の夜のお供もする、艶麗な遊興の場だった。工廠や鎮守府の高級軍人が、人事異動で舞鶴を去る日には、新舞鶴の駅頭は、見送りの艶やかな女性の姿でいっぱいになったという。

旅館の跡地には、二階建てのカラオケボックスが立っていた。敷地内に「競売」の看板がある。すでに廃屋のようだ。

旅館白糸の建物は、京都府や舞鶴市が買いとり、郷土資料館に衣替えするなどして、残せなかったものだろうか。経営権だけを民間に売却し、建物は公費で保存するという方法もあったのではないか。府や市の自治体レベルでは財政的に難しいのであれば、国費を投入してもいいと思う。

時の風雪をくぐり抜けた建物には、長大な時間が封印されている。古い建物を眺めていると、時空を超えて過去と邂逅したような、陶然とした心地に誘われる。とり壊してしまえば、封じられた時空は一瞬にして無になる。

この国の行政は、歴史的な建造物に対し、恬淡（てんたん）な印象がある。歴史遺産の認定基準の幅を広げ、民間の所有物であっても、国費による保存をもっと積極的に図ってほしい。既存の公共事業を見直し、不必要な法人を廃止すれば、そのための予算は捻出できるのではないか。長寿を敬うべきは、人だけではないと思う。

さらにいえば、現代の建築技術の粋を結集し、高機能性と歴史的外観を併せもった、新しくも懐旧的な街並みを、この国の至るところによみがえらせてほしい。

その街の特定の観光施設に行くだけではなく、街そのものを観賞するために、外からたくさんの人がやってくる。そんな新しい経済効果に繋がるイノベーションを、建築の分野から起こせないものだろうか。

いつか舞鶴の街角に、観光客とともに写真家や画家が訪れる日を、私は心待ちにしたい。

港、謐として

　先の五条通りを左へ折れると、港の堤防が見えた。風の吹きめぐる通りを、海岸へ。港の岸壁は、広やかな石畳の公園になっていた。

　東に聳える半島の深緑が、空の清爽と競るように鮮やかに映えている。山頂に冠した積乱雲にわずかに翳りが差していた。時刻はもう五時をまわっている。白昼の明るみはまだ残りつつも、空間一帯は、藍色に溶けゆく前の淡い光彩をまとい尽くしていた。

　一定のリズムで岸壁に打ちつける波濤を耳にしながら、海面の凪ぎが沁み移ったような静謐なテラスを西に歩いた。

　夕涼みだろうか、緑地のベンチにおじいさんが一人座って、海を見つめていた。私の前を、二台のサイクル自転車が走りすぎていく。

「岸壁の母・妻」の説明板が立っていた。

　舞鶴の港は戦後、全国に十八設置された、在外邦人の引揚港の一つとなった。昭和二十年十月の引揚の開始から、三十三年十一月の終了まで、引揚の進捗とともに、他の港が順次指定港を解除されていくなか、舞鶴の港は最後の一港として残り、海外からの帰還者を迎えつづけた。

　説明文には、こう書かれている。

　――この五条海岸は引揚者を待つ家族が感激の再会をした喜びの場所であり、なんど訪れても再会どころか消息さえ得られず、はるかシベリアの空を仰ぎ、落胆と失望と共に「岸壁の母・妻」と呼ばれる家族が待ちわびた場所でもありました。この写真にある五条桟橋は、昭和二十五年まで引揚援護局から故郷へ向かう引揚者を乗せて船が着く浮桟橋としてこの場所に係留されていました。その後、昭和二十八年~三十三年の間は場所を移し平南桟橋として引揚者の第一歩を記した桟橋でした――。

舞鶴の引揚業務を統括した厚生省舞鶴地方引揚援護局は、東に見える半島の平海兵団の跡地に設置されていた。昭和二十五年までは、援護局で帰国の手続きを終えた引揚者は、平からランチでここ五条海岸に移動し、この海岸から正式に祖国の地を踏んだのだろう。

貼付されている写真は、二人の幼い子を隣に連れた母親が、まだ帰らぬ肉親を思い、五条桟橋から湾の彼方を見つめている、後ろ姿を写したもの。

有名なこの写真は、引揚の象徴的光景として、後に「岸壁の母」という哀歌のモチーフになった。

大東亜戦争の敗戦時、海外の日本の植民地や占領地には、軍人、軍属、民間人、あわせて約六百六十一万人の日本人がいた。

当地で戦勝国の軍政が始まると、この人々は一斉に帰国することになったが、満洲と朝鮮北部の邦人は、ソ連兵の凄絶な蛮行にさらされ、命懸けの逃避行を余儀なくされた。

引揚船の出る朝鮮南部の港まで辿りつけずに、亡くなった人は数知れない。引揚船に乗船できたものの、逃避行中に患った病状が船内で悪化して命を落とした人、日本の地を踏みながら、港近くの収容所で息絶えた人もいた。

昭和六十三年四月、引揚の事績を後世に残すために、引揚援護局の跡地近くに、舞鶴引揚記念館が開館した。引揚終了後に撤去された桟橋も、平の海岸に復元されたという。

今度の旅では、この記念館へは行けそうにない。明日は、西舞鶴探訪に一日時間を費やし、明後日はもう帰路につく。引揚記念館は、またいつか時間をつくって訪れよう。

かつてこの港には、海外に移駐する兵士たちを、勇ましく見送る人々の姿があった。

戦後は、失われた領土からの、肉親の帰りを待ちわびる人のたたずみがあった。

どちらも、この港を舞台に、かつての日本人が抱いた、熱情の一場面だ。等しく顧み、様々に追想すべき、この国の大切な過去の景色なのだと思う。

テラスの対岸の船着き場に、「新日本海フェリー」の看板が見える。

公園と船着き場の間に架けられた桟橋の袂から、初老の男性が、揺蕩(たゆた)う群青を見つめていた。

私も近くのベンチに座り、今、安穏と満ちる、空間の静寧に身を浸した。

どのくらいの時間、そうしていただろう。時刻表をひらくと、西舞鶴行きの列車は三十分後の発車だった。

「新舞鶴市街図」を見ながら、昨日辿った通りとは別の碁盤目の通りを歩いて、駅へ向かおう。

夕凪のつむじ風にくるまれながら、テラスを後にした。

西舞鶴　八月十四日

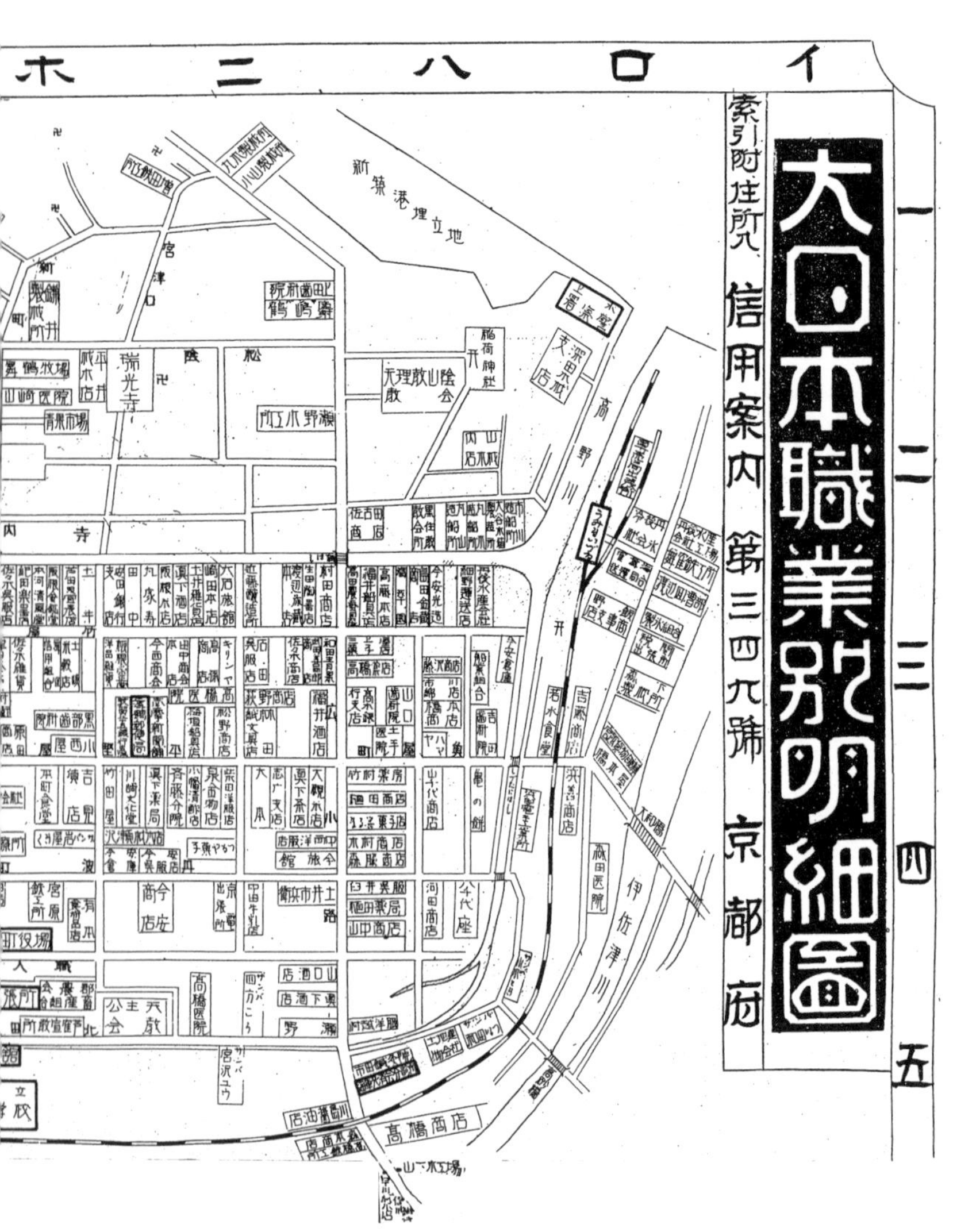

『昭和前期日本商工地図集成』
（柏書房　1987.6）第２期（大阪・京都・兵庫・奈良・和歌山・滋賀・三重）

ヌ　リ　チ　ト　ヘ
郡是製絲工場
（五4）
四所村
高野村
中筋村
舞鶴港
鶴町
青竜寺
玉泉寺
瑠璃寺
四所村役場
信用組合
四所小学校
円龍寺
朝代神社
本行寺
朝代通
京町
引土町
至宮津
至綾部
金光教会所
八幡
府立中学校
高野村小学校
高野村役場
善福寺
善通寺
郵便局
中筋村役場
中筋小学校
西光寺
高崎屋
出雲食堂
舞鶴幼稚園
舞鶴公園
合同運送会社
郡是製糸工場

城下町めぐり

田辺城は、城号を舞鶴城といった。今日の舞鶴の地名はここに由来する。

明治二年の版籍奉還で、全国の藩は領地を朝廷に返還した。徳川幕政下の藩は諸侯の私領だったため、藩名には諸侯の名がつけられていたが、領地が天皇の「王土」に復したことから、藩名は地域を特徴づける名称に改められることになった。

太政官から藩名の改称を要請された田辺藩は、藩士の河村真六に新たな藩名を考案させた。河村は、藩内の由緒ある神社名の「笠水」と、田辺城の城号の「舞鶴」を推挙し、当初は「笠水」が有力となった。だが常陸国の笠間藩の「笠間」と、「笠水」の混同が懸念され、田辺藩主は笠間藩主より家格が下だったこともあり、田辺藩は「笠水」を却下し、「舞鶴」を新たな藩名として奉答した。

こうして廃藩置県後は、舞鶴藩から舞鶴県に、京都府編入後は近隣市町村との合併を経て舞鶴市となり、舞鶴という地名は今日まで轟くことになった。

舞鶴公園は、旧田辺城の本丸周辺を整備して作られ、公園の入口には、城の大手門が復元されていた。

「舞鶴公園」も、通りを挟んだ向かいの「明倫小学校」も、昭和八年作製の「舞鶴市街図」に記載がある。昨夜泊まった駅前のホテルから、大手門までやってくる道すがらに眺めた「裁判所」と「検察庁」も、古地図と同じ場所にあった。

明治に入り、軍港の発展とともに築かれた東舞鶴は、街の区画は「新舞鶴市街図」と同じながら、建物はほぼ現代的なものに様変わりしていた。今日、これよりめぐる古の城下町の西舞鶴は、どのような街並みを見せてくれるのだろう。

大手門から園内に入ると、左手に「彰古館」という櫓づくりの城の資料館があった。見学したかったが、今日は休館日だった。

「史跡　田辺（舞鶴）城址」の説明板には、次のことが書かれていた。

田辺城は、戦国の智将で歌聖ともいわれた細川藤孝（幽斎）が、子・忠興とともに、一五八〇年に織田信長から丹後国をあてがわれ、築城した。一六〇〇年七月、幽斎、忠興親子は、石田三成方一万五千の軍勢を相手に、五百人の兵で五十余日の籠城戦を戦った。この時、古今和歌集の継承者だった幽斎は、八条宮智仁親王の使者に、古今相伝の箱に和歌一首を添えて献上した。世にいわれる「古今伝授」というものらしい。

その後、城主は細川氏の跡を京極氏が継ぎ、一六二二年に丹後国は三分され、京極高三を藩主に三万五千石を領する田辺藩が成立した。京極氏の但馬豊岡への移封後に、新たな藩主となった牧野氏が、版籍奉還まで代々田辺藩主を務めた。城は細川氏、京極氏、牧野氏の代にそれぞれ改修と拡張が行われ、現在の園内には、築城当時の天守台、本丸、二の丸の石垣が残されている。

城の周回路を東へ行くと、庭園があらわれた。子供たちが池に網を張って遊んでいた。庭園の先に石堤に囲まれたもう一つの池がある。「心種園」の立て札と一本松の前に、「細川幽斎公古今傳授遺蹟」という石柱が立っていた。傍らに「古今伝授」と題された説明板がある。

それによると、細川幽斎という人は、稀代の歌人だったようだ。籠城戦の最中、時の後陽成天皇は、古今和歌集の秘事口伝の伝承者である幽斎の戦死を憂い、城に勅使を派遣し、幽斎に開城を勧めた。幽斎は武人の立場から開城の固辞を伝え、古今伝授の秘伝書とともに、――いにしえも　今もかはらぬ世の中に　こころの種を残す言の葉――という和歌一首を勅使に託した。

勅使と接見した場所が、傳授遺蹟の石柱の立つ、松の木の辺りだったようだ。籠城戦は田辺城を囲む西軍に、朝廷が和議を命じて終わった、と説明文にある。勅命によって講和が結ばれたらしい。

細川幽斎は、その後どうなったのだろう。スマホでネット検索をしてみると、幽斎は開城後、敵将のいる亀山城に捕らわれたようだ。息子の忠興は、田辺城明け渡しの二日後に、関ヶ原の戦いに参じ、石田三成軍を討っている。戦後は、報奨として小倉藩三十九万九千石を封じられた。晩年の幽斎は、政争の場から退き、京都に居を定め、慶長十五（一六一〇）年八月に、七十七歳で鬼籍に入っている。

古今和歌集の秘事口伝の伝承者とは、荘厳な響きだ。幽斎が天皇の侍者に託したという「古今伝授の秘伝書」とは、どのようなものだったのだろう。

日本では古来、天皇も武人も、歌人だった。武人が歌を嗜む慣習は、日露戦争世代の軍人まで引き継がれていた。今上陛下は、今も宮中で歌会を主宰なさり、歌人としての伝統的なお立場をご継承されている。

細川幽斎という人は、武家の権力闘争に介入しないはずの天皇にその死を憂慮させ、降伏の勧めを拒まれるや、敵方に和議まで命じさせた。

古今和歌集の秘事口伝の伝承者とは、いかなる凄みに満ちた存在だったのだろう。いつかこの人のことを学んでみたいと思った。

採掘調査中の曲輪（くるわ）の外縁に沿って、園内を一周した。公園は本丸跡地のみを整備してつくられており、さほど広くはない。三十メートル四方ほどだろうか。南の一画に、老樹に囲まれた小さな枯れ池の庭園があった。寂れ果てた遺構ながら、造形に雅やかな名残が漂っている。復元してほしくもあるが、栄枯盛衰のこの感じも味わい深くてよい。

大手門を出て、明倫小学校の敷地沿いの歩道を北に向かった。昨日と変わり、空には雲が重々しく垂れ込めている。今にもひと雨きそうだ。

今日は、西舞鶴の市街地から、港に近い界隈にも足を延ばし、街外れの舞鶴重砲兵連隊の跡地まで歩こうと思う。西舞鶴の駅頭に戻る頃には日も暮れているだろう。

昨日「TEA ROOM　銀杏」のママさんから聞いた建部山の陸軍要塞跡は、次回以降の楽しみにとっておこう。今日も歩き通しの一日になる。天候がもってくれたらいいのだけれど。

明倫小学校の敷地を囲う塀は、武家屋敷風の瓦づくりになっている。かつての城下町をイメージしているのだろう。とても粋だ。

旅に出る前に、渋谷の広尾の図書館で『舞鶴市史』を閲覧し、興味深い史実の記された頁を複写した。明倫小学校は「明治代」の項にその名が登場するが、『舞鶴市史』は、歴史的な出来事に際会した舞鶴市民の様子を、たびたび「明倫小学校日誌」を引用して伝えている。日本海海戦に勝利した海軍艦艇の凱旋の様子については、次の「明倫小学校日誌」を紹介している。

明治卅八年五月卅日（火）　晴
海軍大勝利祝賀トシテ第二時限ヨリ国旗行列ヲナシ忠魂碑前ニ於テ、両陛下並帝国海軍ノ万歳ヲ三唱シ。
同　六月壱日（木）　晴
日本海大戦戦捷祝賀国旗行列　午前拾時ヨリ三四学年男女ハ高等全生ト共ニ鎮守府ニ至リ大日本帝国万歳日本海軍万歳ヲ三唱シ祝意ヲ表シタリ。

『舞鶴市史』には、日露戦争下の市民のエピソードとして、次のことが書かれていた。

日露戦争が始まると、町長の呼びかけで、舞鶴町内の所得税納入者二百五十人が一堂に会し、戦時国債の購入について協議会を開いた。結果、舞鶴町内で六万円の国債が消化された。

町内の各社寺では、戦勝祈念会が盛んに催された。開戦から二週間後の明治三十七年二月二十一日には、桂林寺で「敵国降伏皇軍大勝利祈祷会」が、五月には円隆寺で「追弔戦勝大祈祷会」が開かれた。仏教式の法会ながら、大勢の住民が集まった。

六月には舞鶴町の縦楽座で、日露戦争の幻灯会が開かれた。ランプとレンズを使った初期の映写会である幻灯会は、実際の戦争の様子を目にすることができ、人々の衆目を集め、以降たびたび開かれた。

陸軍の遼陽占領が伝えられた九月には、舞鶴と近隣住民の提灯行列が街を練り歩いた。人波は舞鶴要塞司令部まで押し寄せ、人々は、行列を歓迎した要塞司令官、将兵とともに万歳を三唱した。

翌三十八年一月、旅順陥落の報を受け、舞鶴公会堂で祝勝会が開かれた。翌月には、公会堂で「征露宣戦一周年記念大会」が、近隣の七町村の住民も参加して行われた。人々は、戦勝を題材にした落語や義太夫の演芸を楽しみ、会の終了後も、公会堂の外で万歳三唱はやまず、舞鶴の夜空に数十発の花火が打ちあげられた。

今から百十数年前に、この街に満ちた光景だった。

小学校の外れの対面に、「西総合会館」という市の施設があった。左端に「郷土資料館」が併設されている。

資料館の扉を開くと、エントランスの左側の壁に、田辺城関連の写真が貼られていた。基礎部分の調査研究を説明したパネルや、城の見取り図もある。背後の横長の書棚には、郷土本の類がぎっしりと陳列されていた。係員さんらしき女性が、子供連れの女性と話をしていたので、声をかけずに奥の展示室に入った。

「海とともに生きる」と題されたパネルの下に、漁猟に生きた縄文時代の先住民の暮らしが紹介されていた。石斧や土器、弥生時代の銅鐸などの出土品も展示されている。

江戸時代の日本海交易圏を示した地図、北前船の模型、細川幽斎の田辺城籠城戦の詳細を表した図面、田辺藩の城下町の絵図もある。ミニマムな展示ながら、舞鶴の通史を簡潔に網羅していた。

展示室を出て、エントランス横の田辺城の写真を眺めた。「彰古館」の写真のキャプションに、——昭和十五年の皇紀二六〇〇年記念事業として着工が始まり、十七年に完成——とある。大手門の近くにあった彰古館は、戦時中に造られたようだ。

先ほどの係員さんらしき女性が近くにいたので、あの、今の彰古館は戦後に建て替えられたものなんですか、とたずねると、いいえ、建物は昔からのものです、と女性。ずいぶん真新しいものに見えましたけど。平成に入ってから西門が造営されて、その時に塗装し直したり、一部改築もしましたから。戦時中に被災しなかったんですか。ええ、してません。舞鶴の市街地は空襲されませんでしたから。

私は、一番たずねたかったことを質問した。あの、昔、市内を走ってた鉄道があったじゃないですか。いつ頃廃線になったんですか。

「舞鶴市街図」には、「まいづる」駅より北西の舞鶴西港に向かって線路が描かれている。港に近い突端の辺りに一つだけ駅があり、「うみまいづる」という駅名が記されている。うみまいづる、という文字を目にした時、何て素敵な名称なんだろうと思った。

ああ、海舞鶴線ですね、いつだったかな。

女性は書棚から本をとり出し、頁をめくり始めた。ええと海舞鶴線は、海運物資とか、貨物の運搬がメインだったんですよね、一般のお客さんも乗れましたけど、あれ、どっかに載ってたんだけどな。女性は数冊の本を当たってくれたが、廃線の日時を記した資料は見つからないようだった。ごめんなさい、ちょっとわからないけど、海舞鶴線の廃線跡は今、遊歩道になってますよ、と現在の西舞鶴の市街図を開いて見せてくれた。

この区間だけ遊歩道が途絶えてるんですけど、と女性はその部分を指で示し、ここから少しこっちに迂回すれば、その先の昔あった海舞鶴駅の辺りまでまた遊歩道が延びてます、と教えてくれた。海舞鶴の駅舎があった場所には説明板みたいなものって立ってるんですか。私の質問に女性は思案顔になり、いえ、何もなかったと思います。

女性によれば、海舞鶴という言葉は今は通称としても使われていないという。地名から消えてしまった新舞鶴と同様に、海舞鶴も幻の名称になってしまったようだ。

建部山の陸軍要塞のことをたずねた。

あの建部山でしたっけ、陸軍の要塞があったっていう、そこは見学できるんでしょうか。ええ、要塞まで道は延びてますけど、ちょっとした登山になるので、それなりの身支度をしていかないと行けませんよ。熊も出ますし。

熊が出るのか。気軽に物見遊山で行ける場所ではないようだ。喫茶店のママさんは熊と遭遇する危険性を知っていたのだろうか。女性は、陸軍は山全体を要塞にするために、山頂をすっかり削りとってしまったんですよ、と教えてくれた。

最後に、舞鶴重砲兵連隊跡地の日星高校への道順を教えてもらい、礼を述べて資料館を出た。

コの字形の町守

総合会館の横の通りを、西に向かった。

南北に走る国道二十七号線を越えると、道は白いダイヤ模様のレンガ敷に変わった。通りの中空に架かる水色のアーチに「中央商店街」とある。

東西にまっすぐに延びる中央商店街の二つ目の交差点の右側に、黄土色の石造の建物があった。屋根は中央部だけ三角の模様が施され、破風や霜避けの輪郭部分は奇抜なブルーに着彩されている。かなりの年代物だ。玄関から延びるオレンジ色の庇に「若の湯」とある。

「舞鶴市街図」のほぼ同じ場所には「食堂」の表記がある。今しがた郷土資料館でもらった「まちなか散策マップ」を見ると、「若の湯　明治じだいからつづくお風呂屋さん」とあった。

「舞鶴市街図」は、「新舞鶴市街図」と同様に、ところどころ空白の目立つ手製の地図だ。作製者が食堂の場所を勘違いしたのだろうか。

中央商店街をさらに進むと、右手に二層の瓦屋根の古家があらわれた。二階の漆喰壁の肌色も、一階の格子や引き戸の煤けた茶色も、滑らかな光沢を放っている。塗装やメンテナンスに余念のないことが窺える建屋の玄関脇に、「金村」という筆文字の表札がかかっていた。「舞鶴市街図」には同じ場所に「金村仁兵衛」の表記がある。

金村さん宅から五十メートルほど行くと、中央商店街は、南北に走る竹屋町通りと交差した。

交差点の真正面に、黒ずみを帯びた瓦屋根の木造家屋がある。玄関の上に「旅館　茶又」と書かれた電光掲示板が掲げられている。「舞鶴市街図」にも同じ場所に「茶又旅館」とある。玄関脇に、褪色した木製の看板が無造作に立てかけられていた。「御旅館茶又」という薄れた文字が読める。こちらが往年の看板のようだ。

年輪の刻まれたな風格ある旅館の外観に見入っていると、唐突に一台のスーパーカブが私の前に停まり、何かお探しですか！　と運転手のおじいさんが声をかけてきた。

いきなりのことに面食らいながらも、あ、はい、今、古い地図を見ながらこの辺りを歩いてるんです、というと、おじいさんは、そうですかぁ！　と相好を崩し、そこを曲がったところにね、橋が架かっていてね、橋にね、おもしろいものがあるんですよ！

アイドリングしたままの会話が落ち着かなかったのか、おじいさんはカブを路肩に停め、ヘルメットを脱いで私に歩み寄った。橋の上にね、ぎぼしがね、ぎぼしってわかりますか。ぎぼし、ですか。ええ、こっちです、こっち。

おじいさんは、私とあまり背丈の変わらない矍鑠（かくしゃく）とした方だった。竹屋町通りを北へ歩き出し、左手に架かる橋を渡り始めた。

「舞鶴市街図」の茶又旅館は、市街地を南北に流れる高野川沿いにある。旅館のすぐ近くには、高野川に架かる「大はし」という橋が記されている。

橋の親柱には同じく「大はし」とあった。横幅四メートルほどの通行帯はコンクリート製だが、欄干は創建当時を思わせる緑色に褪せた銅製だった。おじいさんは、欄干の支柱に載った丸い冠を指差した。これが、ぎぼしですよ。

擬宝珠のことを仰っていたのか。藩主公認の橋のみに設えられる、権威ある橋の象徴だ。

おじいさんは、ぎぼしは、漢字では「儀星」とも「疑似星」とも書き、城主公認の城へ通ずる橋の証なのだと教えてくれた。「大はし」は西舞鶴の数ある橋のなかで、最も由緒ある橋なのだとも。

いわれてみれば、田辺城はこの橋のほぼ真東に位置している。「大はし」は、かつての城下町へのメインゲートなのだ。

会話の途中でおじいさんの携帯電話が鳴った。ごめんなさいね、と電話に出たおじいさんは、今ね、お客さんを案内しているんだよ、と話し始めた。私はその間、橋の中腹の説明板に目を落とした。

西舞鶴の市街地は、約四百年前に田辺藩の城下町として栄えたことに始まる、とあり、田辺籠城戦の際は、城の総堀だった高野川に架かるこの大はしを挟み、激しい攻防戦がくりひろげられた、と書かれている。

通話を終えたおじいさんは、橋の上を通りかかった男女数人のグループに、ハロー！　と声をかけていた。男女たちは苦笑いを浮かべ、ハロ～と返して橋を下っていった。

おじいさんは私の傍らにやってくると、私はね、舞鶴の人と話すより、外から来た人と話す方が好きなんですよ、と少し声を落として話し始めた。

今はクリーニング店を営んでいること、昭和三十年代の中学生の頃に東京に修学旅行に行ったこと、息子さんが町田に住んでいたことがあったが、一年ほどで舞鶴に戻ってきたこと、兜町の証券取引所一帯には昔、田辺藩の下屋敷があったことを教えてくれた。

昔の舞鶴町のことをたずねてみようと思ったが、それじゃあごゆっくり旅してください！　とおじいさんは手を振って橋の袂へ踵を返した。配送の途中だったのだろう。私は礼を述べ、おじいさんを見送った。

二十メートルほどの橋を渡り切ると、左手に、旧家の趣を残しつつ現代風にリフォームされた家があった。ガラスの引き戸に「林田酒店」の屋号がある。「舞鶴市街図」にも「林田醸造所」と載っている。見たところ今は販売店のようだが、醸造所というのだから、かつては酒蔵だったのだろう。先の右手に、車三、四台分ほどの駐車場と、同じくらいのスペースの広場があった。広場の植え込みの脇に郵便ポストが立っている。一メートルほどの高さの細い鉄柱に乗った郵便受けは、赤い塗装がすっかり剥がれ、真っ白に褪せていた。このポストは現役なのだろうか。

傍らの鉄製の道標に「広っぱ　Hiroppa」という表示がある。植え込みを含めたこの五メートル四方ほどの空間の名称らしい。

歩道の掲示板に、「丹後国田辺図」という城下町時代の見取り図があった。図下の説明文に、城下町時代は、侵攻した外敵に城を遠望させないために、橋の袂のこの界隈は道がコの字形に屈曲していた、と書かれている。

現在のこの場所は、「広っぱ」の名の通り、四角い平地になっている。城下町の時代に「広っぱ」の位置に遮蔽物をなす建物があったのだとしたら、橋からつづくこの地点の道は、その建物を囲むようにコの字形に曲がっていたことがわかる。

見れば「舞鶴市街図」の同じ場所も、四角く記されていた。平地であることを強調するように、くっきりと真四角に描かれている。

昭和八年の時点で、すでに中世のコの字形は解消されていたのだろうけれど、大雑把な書き込みがあちこちに目立つこの地図にあって、この場所の正確な形状の記載は、妙な異彩を放っている。道のコの字形の屈曲には、田辺藩の軍事戦略上の思想が込められていた。地図の作製者は、城下町時代の国防上の要請から、かつてこの地点の道がコの字形をなしていたことを知っていたのだろう。

現在（といっても昭和八年）のこの場所の正確な地形を強調的に記すことで、作製者は、城下町時代の精髄をこの地図に落とし込もうとした、と考えるのは穿ちすぎだろうか。そう思ったら、この古地図への愛着が途端に増した。曖昧な記載が目立つけれど、作製者はこの「舞鶴市街図」を、やはり丹精を込めて描いたのだ。

「広っぱ」をすぎると、橋上からつづく道は左右に人家を連ねながら、先の愛宕山までまっすぐに延びていた。

山の緑樹が徐々に迫り、ほどなく辿りついた山裾に「浄土寺」があった。この寺は「舞鶴市街図」に記載がある。

南北に延びる寺の前の道を北へ。電柱に松陰という住所表示がある。古地図にも載っている「瑞光寺」の裏の脇道をさらに北へ行く。「瑞光寺」をすぎた界隈は「舞鶴市街図」ではほとんど空白になっている。

古地図には、「大はし」の北隣に、ほぼ同じ大きさの「新ばし」という橋が描かれている。先ほど「大はし」の中ほどから眺めた北側には、車の行き交う幹線道路らしき鉄橋を望んだ。小道を縫うように進んでいくと、国道一七五号線に出た。高野川に架かる鉄橋の親柱に「新ばし」とあった。

今、国道の走るこの界隈は「舞鶴市街図」の区画とかなり異なっている。戦後、大規模な再開発が行われ、国道も開通し、高野川に新たに架けられた橋に、往年の「新ばし」の名が付されたのだろうか。

「新ばし」を渡り、一本目の竹屋町通りを南に折れた。茶又旅館のある通りだ。

高野川沿いの三軒目に、黒と鼠色を基調とした古家があった。全体に横長の造りで、二階の縦格子の虫籠窓（むしこまど）が、細部の凝り具合を象徴している。「国・登録有形文化財　渡邊家住宅」という看板が家の前にある。説明文に、由緒ある廻船問屋、と書かれていた。古地図には「渡辺――蔵本店」と記されている。——の部分は字が滲んでいて読めない。

並びにも格調高い古家が立つ。古地図に「丸家寿」とある。こちらは「渡邊家住宅」と違い、質素な町家風のつくりだ。二階の横並びの窓の前に、肘かけ程度の長い木製の手すりがある。

往年の日本家屋には、あのようなささやかな手すりが設えてある。ふと、風呂上がりの夕涼みに、あの手すりに肘をかけ、西舞鶴の街を眺めてみたいと思った。もちろんビールを飲みながら。

と、その家の玄関に下がっていた筵（むしろ）がふいにめくれ、家のなかから年配の女性が出てきた。すみません、思わず声をかけていた。

今、古い地図を見ながらこの辺りを歩いているんですけど、こちらの家はここのことでしょうか、と女性に地図上の「丸家寿」の文字を示した。女性は地図を覗き、ああ、そうですね、これですよ。建物ばっかり古くてね、昔は旅館だったんですよ、と微笑んだ。去りかけた女性に突然の非礼を詫びると、女性はこちらに半身を向け、いいえ、といった。

最初の十字路を左へ、一つ目の角を左に折れると、中空に〈HIRANOYA STREET〉と書かれたアーチのある通りに出た。先ほどのお風呂屋さんの通りだ。

左手にギリシャ建築風の石造の洋館が立っていた。戦前のこの建物は、銀行が相場だった。建物の入口はシャッターが下り、屋号のプレートがはまっていたとおぼしき上部の窪みからは留め金が露出していた。窓からわずかに覗く室内は薄暗く、物置然としている。廃屋のようだ。この建物はとり壊されてしまうのだろうか。レストランにでも生まれ変われば、店内から建物の造形を眺めているだけで、楽しいと思うのだけれど。

そぼふる雨と

〈HIRANOYA STREET〉を北へ、再び一七五号線に出た。

歩道を東へ向かうと、京都銀行の右隣りに、黒鉄色の重厚な着彩の古家があった。表札に「土井」とある。古地図の同じ場所には「土井市兵衛」と記されていた。

国道を反対側に渡り、人家の間の隘路を北へ。人けのない沿道に、錆びた屋根瓦を冠した土蔵風の家が連なっている。古地図のこの界隈には「白井呉服」、「河田商店」といった表記がある。

翳りを増した上空を仰ぎ見ながら、北西へ。海舞鶴線の遊歩道はもうすぐのはずだ。

ほどなく「舞鶴市街図」に図柄だけが載る小川に差しかかった。架かる橋の親柱に「静渓橋」とあり、「昭和四十四年架設」と彫られている。古地図にも「しずたにはし」の表記がある。川の岸壁に、数隻のクルーザーとボートが係留されていた。

橋を渡り、生活道路を西へ行くと、塗装の真新しいアスファルトの道と交差した。単線の線路ほどの幅からして、海舞鶴線の遊歩道だろう。遊歩道は左右にくねりながら北西へ延び、十分ほどで工事現場の更地に至って終わった。

古地図によれば、「海舞鶴駅」の跡地は、今、一面の土景色のこの場所とおぼしい。更地の前に立入禁止の看板が立っている。資料館の女性の話しぶりでは、廃線はかなり以前のことのようだから、駅舎の跡地の再開発が今ようやく進められているというわけではないのだろう。

更地の隣の人家の庭に、初老の女性の姿が見えた。海舞鶴線のことを知っているかもしれない。たずねてみようと向かいかけたら、女性は家のなかに入ってしまった。

更地と人家の間の通路を西へ行くと、すぐに川縁に出た。河口付近に、赤い社殿の小さな神社がある。「舞鶴市街図」にも、海舞鶴駅の南東側に神社のマークがぽつんとある。

工事現場の更地と神社の敷地の間に柵はなく、雑草が繁茂する空間に、近隣の住人のものらしき物干し竿と廃材入れの鉄籠が置かれていた。更地の西側には、湾口に向かって古めかしい家屋が立ち並んでいる。

鈍色の空を冠した湾の向こうに、山脈を眺める。

左方に、山頂の真っ平らな歪な台形の山がある。あれが建部山だろうか。資料館の女性は、陸軍は山そのものを要塞化するために、山頂を削りとってしまったといっていた。

囲いのない簡素なたたずみの神社にお参りをし、遊歩道を「静渓橋」まで引き返した。

橋の中腹で二人の初老の女性が立ち話をしていた。軽装からしてご近所の方だろう。すみません、と声をかけ、海舞鶴駅についてたずねると、お二人は、さあ、よくわからないねぇ、と要領を得ないようだった。見知らぬ私を警戒している風でもないから、ほんとうに何もご存じないのだろう。古くからこの土地に住んでいる方ではないのかもしれない。

南東の方向に蛇行しながらつづく遊歩道は、十五分ほどで国道一七五号線に通じた。東へ進路をとると、伊佐津川という大きな河川に差しかかった。

この辺りはもう「舞鶴市街図」の範囲外だ。資料館でもらった「まちなか散策マップ」を見ると、伊佐津川は高野川のさらに東を、舞鶴西地区を囲むように南北に流れている。

正面に、新相生橋があらわれた。袂から左斜めの方向に、石造のもう一つの橋が向こう岸まで延びている。路面はアスファルトに均(なら)されているが、橋脚や欄干はかなり老朽化が目立ち、建造当時のままを思わせる。幅の狭い橋上の道は一方通行のようで、対岸から一台の乗用車がこちらに向かって走ってきていた。

浸食の進んだ右の親柱に「相生橋」とある。左の親柱に「昭和十六年十二月竣工」の文字がかろうじて読みとれた。大東亜戦争が開戦した年月だ。日本中が世紀の戦争を迎えた高揚に包まれていた最中に、架けられた橋と知れた。

陸軍舞鶴要塞の中核部隊だった、舞鶴重砲兵連隊の兵営跡地は、新相生橋を渡った少し先にある。その舞鶴要塞司令官には、大東亜戦争を招来した重責を負うべき一人であり、同時に、誰よりも大東亜戦争を正しく戦うことを説いた人物が在任していた。

新相生橋を渡っている途中で、雨粒が落ち始めた。まだ傘を差すほどの雨量ではない。

橋を渡り切り、百メートルほど行くと「税務署前」交差点に出た。その左側に、目当ての門はあった。

門柱の乳白色の塗装は、軟（やわ）らかで女性的な印象を与えるが、柱頭の武骨な四角い石は、いかにもかつての軍事施設を偲ばせる。右手の門に「日星高校」、左手に「舞鶴聖母幼稚園」と書かれた木札が下がっている。

青色の門扉越しに敷地内を窺う。校庭のほぼ中央に、マリア像らしき白い彫像とそれを囲む植え込みがある。右奥の体育館の上部に「学校法人　聖ヨゼフ学園　日星高等学校」と大書された文字板が掛けられている。

門柱の右下の植え込みのなかに、水交社の跡地界隈で見かけた、三十センチほどの高さの例の石柱が雑草に埋もれていた。屈んで覗き込むと「舞鶴重砲兵連隊跡」と刻まれていた。

雨脚が強くなった。折りたたみ傘を差し、校舎のフェンス沿いを東まわりに歩いた。

敷地内に目を凝らし、フェンス際を覗き込んだりもしたが、陸軍の施設だった頃の痕跡は目につかなかった。

校舎の正門前まで戻り、時の風雪をくぐり抜け、今にたたずむ門を、もう一度見つめた。石原莞爾が、幾度と通ったであろう、門。

海軍の施設が大々的に展開する舞鶴で、陸軍の存在感はささやかなものだった。舞鶴要塞司令官は、数ある陸軍ポストのなかでも、きわめつけの閑職だったといわれる。

石原の舞鶴要塞司令官への就任は、石原と昵懇の間柄にあった板垣征四郎陸軍大臣が、関東軍参謀副長を職務放棄のような形で辞し、退役を願い出ていた石原を現役にとどまらせるために執った、情実人事だった。

石原莞爾は、昭和の陸軍人のなかでも、きわめて異質な存在だ。

軍人は通常、軍歴だけを辿れば、その人物の評伝は書けるといわれている。だが石原には、軍人の枠を超えた様々な貌があった。

軍人としては、天才的な軍事戦略家であり、戦争史研究の碩学でもあった。日蓮聖人を信仰する熱烈な宗教家であったとともに、東亜連盟の結成によるアジア諸国の一体を唱えた運動家でもあった。その東亜連盟運動の根幹をなす、軍事学と日蓮主義を融合した「世界最終戦論」という自説に、人類の恒久平和を託した平和思想家というのが、この人の終局の自画像だったと思う。

軍事的リアリズムから宗教的確信に基づくものまで、石原の多彩な事績は、極端な光芒と陰影を帯びている。その光と陰は、戦前の日本国家が孕んでいた可能性の両極にそのまま重なるといえる。

石原の事績を検証することは、日本が現実に辿った破局への経緯を厳然と追求することであり、同時に、戦前の日本にたしかにひらかれていた、石原が歩み、日本人だけでなく、朝鮮人や中国人の伴走者も存在した、もう一つの道を照射することでもある。

戦前の日本の全貌は、石原莞爾を顧みなければ明らかにならない。

大陸動乱

ここで、石原が歴史の表舞台に登場する、昭和初期の国内外の情勢を追ってみたい。

中国の清王朝は、一九一一年の辛亥革命で崩壊したが、その後の中国は統一政権が誕生せず、各地に軍閥が割拠する争乱状況となった。

一九二六（大正十五）年七月、国民党総統の蔣介石は、全中国の統一を掲げ、北伐という軍事侵攻を開始した。一九二八年七月、各地の軍閥を駆逐し、北伐をほぼ完遂した蔣介石は、日本をはじめ、西洋諸国と結んでいた不平等条約の破棄と利権の回収を一方的に宣言した。失われた主権の急進的な回復をめざす、蔣介石の革命外交に呼応したのは、満洲軍閥の領袖・張学良だった。

同年十月、張学良は、国民党政府への易幟（えきし）（合流）を表明し、国民党の標榜する「失権失地回復」を満洲で断行した。日本の満鉄線の経営を枯渇させるための並行線の敷設、満鉄附属地の経済封鎖、日貨排斥など、張学良軍閥による日本企業、日本人関連施設への破壊、妨害行為は、年間数万件に及んだといわれる。時の日本政府は、幣原（しではら）喜重郎外務大臣の下で、国際協調と対中宥和路線を推進していた。「幣原外交」は張学良の排日政策を何ら抑止できず、日本の満洲権益は刻々と危殆（きたい）に瀕していった。

中国の反日・抗日の発端は、第一次世界大戦中の一九一五（大正四）年一月に、日本の手交した、対支二十一ヶ条要求だったといわれる。

日本は中国に対し、関東洲と南満洲鉄道の九十九ヶ年の租借延長、東部内蒙古の土地と鉱山採掘権の譲渡など、二十一項目に及ぶ利権を要求し、十六の利権を袁世凱大総統に承認させた。中国では、二十一ヶ条要求は日本が最後通牒とともに無理強いしたものだとして、条約締結時より無効を訴える世論が高まった。

二十一ヶ条要求は今日、日本の歴史家の間でも、悪辣な帝国主義外交、火事場泥棒といった評価が定着している。

二十世紀前半の国際社会は、日本とアメリカの台頭に加え、汎ゲルマン主義を掲げたドイツが世界の植民地分割競争に参入した。

ヨーロッパの列強国は、ドイツ、イタリア、オーストリアの三国同盟と、イギリス、フランス、ロシアの三国協商の二つの陣営に分かれ、バルカン半島から中近東地域の勢力圏を競っていた。中国においては、進出の遅れていたアメリカが、イギリス、ドイツ、フランスとともに借款団を形成して資本の独占的輸出を図った。これにロシアと日本が協調して介入するなど、列強国は中国での利権拡張に露骨に鎬(しのぎ)を削りあっていた。

三国同盟と三国協商の対立は、第一次世界大戦に発展する。西洋諸国が戦争でアジアを顧みる余裕をなくしている間に、青島と南洋諸島でのささやかなドイツ戦の戦勝を梃子に、莫大な中国利権を獲得したものが、日本の二十一ヶ条要求だった。

帝国主義外交に、火事場泥棒などというアンフェアを指弾しても意味はない。フェアか否かなどはじめから顧みない、力の信奉による外交だけが、二十一ヶ条要求の時点では国際標準だった。帝国主義の抑制が世界のコンセンサスとなるのは、第一次大戦の甚大な惨禍によって、国際協調という新たな潮流が生まれた大戦後のことだ。

国際協調とともに、大戦後世界の趨勢となったのは、すべての民族には自らの運命を決する権利があるとする、民族自決という概念だった。

大戦中の一九一七年、ロシア革命によって、史上初の社会主義政権・ソビエトが誕生した。ソビエトはドイツと単独講和を結び、大戦から離脱すると、連合国に、無賠償、無併合、民族自決を原則とする枢軸国との講和を呼びかけた。

優勝劣敗を露にし、貧富の格差を拡大する資本主義の矛盾と弊害に覆われていた世界に、資本と生産物の共用による平等な社会の実現を謳ったソビエトの誕生は、まさに人類史上の画期であり、その影響力は絶大だった。資本家の搾取に苦しむ世界中の労働者、宗主国に隷属を強いられていた、すべての植民地下の民族の権利意識を触発した。

一九一八年一月、アメリカのウィルソン大統領は、ソビエトの影響力を抑制するために、平和原則十四ヶ条（海洋の自由、民族自決、関税障壁の撤廃など）を提唱した。

翌年一月に開かれたパリ講和会議では、ウィルソン提言の実現がテーマとなった。だが会議で独立が承認されたのは、ポーランドやベルギー、ルーマニアなど、ヨーロッパの一部の小国にかぎられ、アフリカとアジアの被支配民族の独立は議題にものぼらなかった。

パリ講和会議後、世界各地で民族解放運動が勃興する。日本の統治下の朝鮮では、三・一万歳独立運動が発生した。中国では、北京の学生層を中心に、反日・反帝国主義の抗議デモ（五・四運動）が起こった。五・四運動は二十省、百都市に伝播したといわれる。

大戦後世界の一大潮流となった民族自決は、中国では排外的なナショナリズムを高揚させ、アヘン戦争以来の負の近代中国史の清算を、民衆レベルに促す波及力をもった。中国は、列強国の草刈り場と化すだけの劣弱な状態から、戦い、抵抗する国へ変貌しようとしていた。

蔣介石の革命外交は、中国の半植民地状態の維持を企図したワシントン体制の打破が目的であり、抗日が主眼だったわけではない。だが、後に日本と中国の対立のみが先鋭化したのは、他の列強国の中国利権が死活的に重要とはいえない余剰的なものだったのに対し、日本にとって、ことに豊富な天然資源の眠る満蒙の権益は、国家の存立上、不可欠とみなされていたからだった。

当時の日本人の満洲への思い入れのようなもの、満洲という地域の特殊性の問題は、今日の私たちにはもう理解の及ばないものになっている。

漢民族主体の現在の中華人民共和国は、一九四九年の建国以来、かつて満洲といわれた地域を中国東北部、あるいは東三省と称し、満洲という呼称を頑なに排斥している。満洲という名称には、歴史的に漢民族の領土ではない、異域というニュアンスが多分に含まれているからだと思う。

日本が満蒙権益なるものをもっていた一九二〇年代は、万里の長城を挟み、北を満洲、南を中国本土と区別する認識は国際的なコンセンサスを得ていた。後の満洲事変で、日中間を調停した国連の調査団も、満洲を「統治主体の不明瞭な特殊地域」と認定している。

西洋諸国は、中国人、ロシア人、日本人、モンゴル人の居住圏が混在する満洲と内蒙古を民族混淆の係争地とみなし、「アジアのバルカン」、「極東の火薬庫」、「紛争のゆりかご」など、様々に言い表していた。

万里の長城を境に南北を不一体とする認識は、清王朝が表明していたものだった。かつての清は、満洲を故地とする満洲族の王朝だった。清の三代目の順治帝は、一六四四年に万里の長城を越えて南下し、四十年を費やして全中華世界を征服した。北京に入城した満洲族は以降、故地の満洲を「封禁の地」と定め、長城以南からの漢民族の流入を禁じた。

中国革命の父といわれた孫文は、「興漢排満」を掲げ、清の勢力を長城以北に駆逐し、以南に漢民族の国家を建国しようとした。孫文は日本の政府筋を通じ、革命への協力の見返りに、満洲の日本への譲渡をもちかけていたほどだった。辛亥革命で清が滅びると、孫文は広州に漢民族主体の中華民国を建国した。だが、中国の排外民族主義は、満洲と中国本土を一体とみなし、満洲からの日本の勢力の一掃も求めたため、孫文は、満洲を含む清王朝の全版図の継承を宣言せざるをえなくなった。

一九二〇年代以降、満洲と内蒙古へは、毎年八十万から百万人の漢民族が長城を越えて入植していた。満蒙という肥沃な大地は、漢民族にとっても貴重な生存領域だった。

天津の政論家・張弧は、――満洲、モンゴルは、日中露三国争覇の地であるから、東亜永久の平和のためには、その全域を日中露から中立させ、東亜の大同国家をつくる以外にない――（『満州国の遺産』黄文雄　光文社二〇〇一）と語っていた。日本の権益があり、諸民族の混在する満蒙の特殊性には、中国側からも理解を示す声があった。

だが、中国の排外ナショナリズムの矛先が満蒙にも向けられていた以上、日本は、民族意識に目覚めた新しい中国を正しく認識し、満蒙権益を維持するための新たな対中戦略の構築に、国家の叡智を結集しなければならなかった。その方策をめぐり、日本は軍と政府が分裂し、国家意思の多元化という現象を生じた。国家の最高意思を決定する中枢が不明な、一元化した国策を発動できないという事態が、中国や欧米との信頼関係を損ないつづけ、後の対米戦争を招来した最大の因になったといえる。日本は、国際社会と対話できない国になっていった。

敗戦という破綻に至る端緒を、軍による国政の阻害、国際社会からの孤立に求めるならば、諸悪の根源は、石原莞爾ということになる。

時の政府の国際協調という外交方針を破壊し、軍と政府の乖離を明確にした最初の軍人が、石原だったといえるのだから。

極北への独走

石原が関東軍作戦主任参謀に赴任したのは、昭和三(一九二八)年十月だった。

満洲では、すでに一九二三年に旅大(旅順・大連)回収運動が、翌年には関東州裁判権と満鉄附属地教育権の回収運動が、民衆動員の下に大規模に発生していた。

張学良の易幟は、石原着任とほぼ同じ時期であり、石原は張学良軍閥の苛烈な排日の渦中で、満洲の情勢を精査し、新作戦計画を練り上げた。高級参謀の板垣征四郎ら一部の参謀のみに作戦の内実を披歴し、その決行の時期を窺いつづけた。

石原の関東軍への赴任には、一夕会(いっせきかい)という、陸軍の中堅将校の集まりからなる一大派閥が関与していたといわれる。

第一次世界大戦は、国家のあらゆる資源を戦争に傾注する、総力戦という新しい戦争概念を生んだ。毒ガス兵器や航空機が実戦に投入され、ヨーロッパを主戦場に、四年四ヶ月という長期にわたった大戦は、一千万人の戦死者と二千万人を超える戦傷者を出した。

一夕会は、総力戦体制構築のための日本の国家改造を唱え、満蒙に日本の完全な統治権力を確立し、来るべき総力戦遂行のための資源策源地とすることを画策していた。

同様の構想をもっていた石原自身も、関東軍への赴任を強く望んでいたといわれる。だが、石原の満蒙領有構想は、日本の総力戦体制の構築にとどまるものではなかった。数十年内に生起するはずの、世界最終戦争としての日米戦争に備えてのものだった。

石原は、ドイツ留学中の昭和二年に、現地の欧州戦史関連の書籍を原文で精読し、ことにベルリン大学教授のハンス・デルブリュックの数量的検証と実証的な戦争技術史研究に啓発され、永年の軍事研究上の達観に至った。「世界最終戦論」の確立である。

石原によれば、戦争は古代から現代まで、時代ごとの政治的、兵力的な制約から、持久戦争と決戦戦争の二傾向をくりかえしてきた。戦闘の隊形は、兵器と戦術の進化にともない、「点」から「線」、「面」となり、空軍力の出現した現代は「体」となった。

今後の戦争は、兵器と戦術のさらなる進化から、決戦戦争と持久戦争が螺旋状的に大規模化し、戦場と銃後の区別のない長期持久戦争となる。その最終局面で、敵国の都市と民間人を無制限に殺戮する空前の決戦戦争が生じる。この決戦戦争が、日蓮上人の予言した「前代未聞の大闘諍、一閻浮提（人間界の意）に起こるべし」という世界最終戦争であり、未曽有の惨害を被った人類はもはや戦争ができなくなり、日蓮上人のいう「一天四海皆帰妙法」という平和的な世界統一が実現する。

智徳に秀でた先人たちが、いかに道義を説きつづけても、戦争はなくならなかった。人類史は戦争史と言い換えられるほど、人間は戦争と歩みを一にしてきた。それならば、戦争の進化の極北まで行き着き、戦争を廃絶するというのが、軍事科学的知見と日蓮主義の結合から石原の編み出した「世界最終戦論」であり、石原が最終戦争の彼岸に構想した、人類の恒久平和だった。

最終戦争期に入った世界は、従来の国家単位の存立から、欧州圏、ソ連圏、東亜圏、アメリカ大陸圏という四つの国家連合の時代に入る。世界最終戦争は、東西の両文明を代表し、日米の決戦戦争になると、石原は予見した。

昭和六（一九三一）年九月十八日、関東軍は満鉄線の鉄路を爆破（柳条湖事件）し、これを張学良軍の奇襲に見せかけるという自作自演の謀略から、満洲事変をひき起こした。

張学良軍十九万の組織的抵抗を封じ、ソ連やアメリカなど、列強の軍事干渉も受けない千載一遇の機会をとらえ、兵力一万四千の関東軍とわずかな増援部隊のみで、奉天、営口、長春などの南満洲の主要都市と、北満の斉斉哈爾、哈爾浜を五ヶ月余で制圧した。

満洲事変の完勝は、張学良軍の精鋭十一万が満洲を離れ、北京に駐留していたこと、速戦によって張学良軍の部隊間の連絡を遮断し、孤立させた部隊を各個に撃破するなど、すべて石原の卓越した作戦指揮によるものだった。だが、石原が「天皇の軍隊」を独断で動かし、さらに日本の権益外にまで進攻させたことは、明白な天皇の統帥権干犯だった。

事変は当初、関東軍による満蒙領有を企図して起こされた。だが、若槻礼次郎政権は事変不拡大を閣議決定し、南次郎陸軍大臣と金谷範三参謀総長も政府方針に同調したため、関東軍は事変の戦略目標を、満洲各省の連合からなる新国家の建設に転換した。中国側要人の自発的意志による建国を偽り、その幇助を装うことで、政府と軍中央を事変に追随させようとした。

関東軍は、張学良と反目する各省の有力者に武器や資金の提供を行うなど、性急な帰順工作を展開した。国際社会に関東軍の軍事行動を「自衛措置」と釈明していた幣原外相は、関東軍の策謀に強く反対したが、石原は十月八日、張学良軍の移駐地の錦州を空爆した。

前の大戦で登場した航空爆撃は、大規模な殺戮をもたらす攻撃手段として、ヨーロッパ諸国の間では明白な戦争行為とみなされていた。錦州爆撃は、自衛の範囲を超えた、不戦条約と九ヶ国条約(中国の領土保全)違反という疑念を国連に与え、幣原の国際協調外交は破綻に追い込まれる。

若槻政権が関東軍を抑止できなかった背景には、関東軍を支持する世論の沸騰があった。新聞とラジオは関東軍の蜂起を義挙のごとく報じ、巷間には、張学良軍の積年の弾圧に対する国民の歓喜が満ちていた。

普通選挙法（二十五歳以上の男子のみだったが）に基づく最初の総選挙が実施されたのは、昭和三年二月だった。納税制限の撤廃により、有権者は高額納税者や農村地主などの特定の階層から都市大衆層に拡大し、三百万人から千二百万人に急増した。

リベラリストを自認する若槻、幣原ら民政党の有力者は、広範な国民の声を国政に反映させる普通選挙の実施を伝統的政策としてきた。国民の負託に応える政権を自負する若槻らに、世論の動向は無視できなかった。

国民とマスメディアの関東軍支持の背景には、満洲事変は、現下の経済的苦境を脱する契機になり得るという期待感が多分に込められていた。

日本経済は、一九二九（昭和四）年のウォール街の株価大暴落に端を発した世界恐慌に巻き込まれて以来の大不況下にあった。

昭和六年の輸出総額は、四年の四十五％に激減し、全国で企業倒産と解雇が相次ぎ、労働争議は頻発していた。物価は翌年までにさらに四年の半分以下に下落した。

恐慌の過酷な影響を最も被ったのは、農村だった。農産物価格の落ち込みはとくに激しく、生糸と繭の六年の価格は四年の三分の一に、野菜や果物、米も約半分になった。六年の農家の平均所得は、四年の千三百二十六円から、半分以下の六百五十円に激減し、東北の農家では、赤子の間引きや娘の身売りが横行していた。

昭和五年の就労人口は、四十六・八％が農業従事者であり、当時は、国民の約半分が農民だった。農村経済の疲弊はマクロ経済の衰退に直結した。日本経済の壊滅的状況は、浜口雄幸民政党政権が恐慌下で実施した、金解禁政策の失敗を如実に物語っていた。

民政党は、前身の憲政会内閣で普通選挙を実施しながら、日本経済の根幹を担う小作人の権利を保障する小作法や、小作人向けに低利で資金を融資する金融機関の設置など、すべての小作農家に望まれていた法整備にきわめて冷淡だった。財閥を支持母体とし、小作人の利益を抑圧する側の多数の農村地主を議員として抱える大政党に、小作人の利益を擁護できるはずはなかった。

満洲事変が中国側の「無法」を駆逐し、満蒙を完全な日本の排他的経済圏としたならば、東北の農家で餓死者まで出ている大不況は、劇的に好転するのではないか。

かような世論の期待に応じたのは、財界との既得権のしがらみをもたない、無産政党の社会民衆党だった。社会民衆党は十一月、政党でいち早く満洲事変支持を決議する。

金本位制復帰という経済政策の失敗と、ワシントン体制発足以来の国際協調路線の破綻を露呈した若槻民政党政権は、政友会との連携をめぐる閣内不一致から、十二月十一日に総辞職した。

若槻内閣の倒壊により、満洲事変を処理する主体は、関東軍と陸軍中央に帰した。

陸軍は十二月、満蒙を「逐次帝国の保護国的国家に誘導す」ることを決定し、関東軍の新国家建設案を追認した。翌七年一月には、犬養毅政友会政権が「支那問題処理方針要綱」を策定し、関東軍の独立国家建設工作は正式に国策となった。

関東軍は七年二月十六日、中国人大官からなる東北行政委員会を設置する。東北行政委員会は三月一日、奉天省、吉林省、黒龍江省の東三省と熱河省、東部内蒙古を領域とする、満洲国の建国を宣言した。

民政党、政友会の二大政党は六月十四日、衆議院本会議で満洲国承認決議を全会一致で可決した。八月の臨時議会では、満洲国を承認した場合の国際社会からの反発について質された内田康哉外相が、――此の問題の為には、所謂挙国一致、国を焦土にしても此主張を徹す――という激越な表現で、満洲国承認の決意を答弁した。幣原外交とは一転し、国際的孤立も辞さずに満洲国の発展に努めるという「焦土外交」演説だった。

九月十五日、斎藤実内閣と満洲国政府との間で日満議定書が手交され、日本は正式に満洲国を承認した。

満洲事変を主導した石原、事変を牽引した板垣、石原の起草した全作戦に裁可を与えた本庄繁関東軍司令官は、本来ならば、陸軍刑法の――ほしいままに兵隊を進退するもの死刑に処す――の規約に則り、厳格に軍法会議に処されるはずだった。だが事変後、本庄は大将に昇級し、侍従武官長に栄転となった。石原、板垣も、進級と叙勲を授かっている。

満洲事変は、大元帥陛下の勅命なき軍事行動という、軍人にとって最大の規矩(きく)の蹂躙も、最良の結果さえもたらせば栄達に転化する、悪しき前例となった。以降、陸軍内には、規律や命令系統を軽視する下剋上的風潮が蔓延(はびこ)り、大陸の出先の軍隊は、独断による軍事行動と謀略をくりかえすようになる。

満洲事変後の政府は、中国本土への領土的野心のないことをくりかえし国際社会に表明したが、関東軍は、満洲国と中国本土の接壌地帯である華北の有力者と内密に協定を結び、華北を中国本土から分離する工作を進めた。十二年七月に盧溝橋事件が勃発すると、関東軍の一部将校は、参謀本部内の対中強硬派と連携し、華北を完全な勢力下とするための戦線の拡大に努め、泥沼の支那事変への道をひらいた。

満洲事変は、満洲族の故地である満洲への日本の侵略であることに、間違いはない。

昭和六年の満洲事変から、中国との全面戦争、二十年の敗戦までを一連の戦争とみなす、「十五年戦争」という歴史観がある。

石原の「独走」が引き起こした満洲事変は、十五年戦争史観が語るように、日本を破滅の戸口に立たせただけだったのだろうか。

国づくりに馳せる

満洲事変の最中の昭和六年十一月十日、関東軍は占領地の復興と治安回復を図るための機関として、遼寧省に自治指導部を創設した。運営に当たったのは、満洲青年連盟、大雄峯会、雑誌「満洲評論」の編集者、執筆者など、すべて民間の日本人だった。

あるがままの満洲社会を生き、市井の満洲人や中国人と日々、皮膚感覚で接していたこの人々が、満洲国の建国理念を様々に紡いだ。

一九二八（昭和三）年十一月に結成された満洲青年連盟は、在満のあらゆる職業人からなる言論団体だった。最盛時は全満に二十二支部、二千三百人の会員を擁していた。結成以来、満蒙における日本人の生存権と日華の共存を提唱していた連盟は、柳条湖事件が起こると、自衛権の発動として関東軍を支持し、土着の中国人自治組織との信頼醸成に努めながら、関東軍を側面支援した。

連盟は十月二十三日、「東北四省の門戸開放」、「満蒙に居住する中国人、満洲人、朝鮮人、モンゴル人、ロシア人、日本人の協和と平等」、「各民族の自国籍を保持したままの政治的、経済的活動の自由」を骨子とした「満蒙自由国建設綱領」を本庄関東軍司令官に提出した。連盟は、事変の最中に母国遊説隊を三度にわたって日本に派遣し、日本国内で諸民族協和の満蒙新国家の建設を訴えた。ここに、満洲国の建国理念の一つとして「民族協和」が定立する。

満洲青年連盟を牽引した山口重次、小澤開作は、建国後に創設された建国理念普及団体・協和会の執行部員として、各地方の自治組織とのパイプ役を担った。二人は、草の根の民意の国政への反映に尽力した。

石原と板垣を尊敬していた小澤開作は、昭和十年に出生した子息に、二人の名前から一文字ずつをとり、征爾と名づけた。後に世界的に著名な指揮者となる小澤征爾だ。

大雄峯会は、満鉄社員の東大以外の大卒者からなる三十余名ほどの思想団体だった。石原と板垣に求められ、自治指導部に参加した大雄峯会は、リーダーの笠木良明の興亜主義と仏教信仰に基づき、満蒙に人種的偏見のない平和の根拠地としての極楽土の建設を提唱した。大雄峯会は、「楽土」という仏教的概念を建国理念に付与した。

雑誌「満洲評論」の発行人の橘樸(たちばなしらき)は、一九〇六年に中国本土に渡って以来、「京津日日新聞」、「済南日報」で筆を執ったジャーナリストだった。中国の思想家・魯迅に——あの人は僕たち以上に中国の事を知っている——(『キメラ　満洲国の肖像』山室信一　中公新書一九九三）といわしめた現地派の中国研究者だった。

橘は、中国の伝統的な民衆生活、民俗信仰、農村組織を省察し、「日支両民族の正しい関係の理論及び方法の探索」を理念に、民族主義を超えた日中の発展的関係を模索していた。

当時、中国事情に精通した「支那通」といわれる日本人の多くは、近代中国の苦難を等閑視し、日本の国益上の観点からのみ中国を論じていた。橘は、一九二五年に五・三〇運動（イギリス租界の回収運動から、反日に転化した民衆デモ）が起こると、中国の排外ナショナリズムを正当なものとみなし、——過去に於て支那人よりも一層深い過失を犯した日本人は、この際断乎としてその過ちを恥じ、その対支態度を豹変する義務がある（前掲書）——と語り、中国側の反日を野蛮視するだけの日本国内の論調に一石を投じた。

一九二五年に満鉄嘱託となり、事変の直前に「満洲評論」を創刊する。柳条湖事件の発生直後は、関東軍の軍事行動を軍規違反とみなす立場をとったが、十月九日、事変の真意を問いただすため、奉天の関東軍司令部で石原、板垣と会談した。

橘は会談後、関東軍の行動を、――資本家政党の意向に沿った軍閥的妄動ではなく、むしろ反資本家、反政党を志向するまったく新しい国民的、職業的自覚に立ったもの――（前掲書）と捉え、事変の認識を一変する。

これまでの日本の戦争は、国防を第一の動機としながらも、日本資本主義の搾取領域の拡大という経済行為の性格をあわせもっていた。戦争に勝利し、新たな支配域を獲得することは、国家の経済的発展と同義だった。満洲事変は、そのような従来の戦争とは異なる、勤労農民を資本主義の支配構造から解放する運動体とみなせるものだった。

橘は、辛亥革命後の中国の軍閥割拠の混乱の要因を、政治エリートによる民衆の組織化の失敗とみていた。広大な中国には、あらゆる地方自治組織が存在する。為政者は、軍閥を頂点とする階級的支配構造のなかにこれらの自治組織を閉じ込め、その自由な発展を妨げてきた。

皇帝による中央集権体制を伝統とする中国では、中央の支配は末端まで貫徹せず、地方は賄賂政治と匪賊の跳梁を常とした。よって地方住民は、為政者に信を置かず、地縁、血縁に基づく村落共同体による自治を成熟させ、治安と慣習的生活を守りつづけてきた。

橘にとって、中国ではいかなる社会変革も、農村共同体や都市の同業組合、農商務会といった、草の根の自治組織の活性化をともなわなければ実現できないものだった。多種多様な自治組織を蘇生させることが、資本主義を象徴とする西洋化の浸透から中国を再興することであり、橘はそれを、王道といった。

王道とは、儒教の説く、古代中国の堯(ぎょう)、舜(しゅん)、禹(う)、三代の徳治政治のことをいう。

橘は王道を、――儒教のいわゆる大同社会思想の実現を、政道の倫理化と、財富の社会化とによる民生保証によって必然せしめんとする経国の大道――(前掲書)、――(王道政治を)太古に於ける輝かしい事実とは観ずして、却って将来に実現し支那民族の政治生活を幸福ならしむると共に、行き詰まれる西洋文明に対してある大いなる暗示と刺戟とを与え得るもの――と定義する。

地域の伝統的慣習に基づく相互扶助の下で、住民が瑞々しい始源の生命力を発揮することが、橘の説く王道だった。

重税を幾重に課し、民生を顧みない中国の軍閥は、自治組織を収奪の対象に貶め、弱体化させてきた。民衆の生産した富を福祉ではなく、軍事費に費消する軍閥を駆逐した満洲事変は、各種の自治組織を中興し、満蒙における始源の王道空間の創出を予見させるものだった。

満蒙は、就労者の九十五%が農民であり、その大半が窮乏化していた。自治指導部の顧問に就任した橘は、農民を自らを扶(たす)ける自治に委ね、農民自治を中心に各種の自治組織が層をなす、分権的自治国家としての満洲国を提唱した。

自治こそ王道の実践、と語り、王道の行われる社会とは、――一切の人民の生活が保障されていること――(前掲書)、――富を開発して私有しないこと――、――労力を社会のために供出すること――であるとし、富の公有による人民の生活保障と、福祉の増進を満洲国の国是とした。

さらに、王道の実践される満洲国を、――真にアジア解放の原動力たりうるごとき理想国家――として発展させ、王道の伝播によって、アジア諸国を西洋の植民地支配の軛(くびき)から解放し、アジア王道連邦の建設までを唱えた。

満洲青年連盟の「民族協和」、大雄峯会の「楽土」、橘の壮大な思想的射程をもった「王道」という建国理念は、軍事的見地からのみ満蒙を捉えていた石原を、大いに感化した。

石原は、昭和七年一月十一日、奉天ヤマトホテルで開かれた朝日新聞主催の「満洲建国前夜の日支名士座談会」で、同志に私のこの転向した気持ちを伝えたい、として満洲国の独立について語った。

——日支両民族が新しい満洲を造るのだから、日本人、支那人の差別はあるべきではない。附属地と関東洲もすべて満洲国に返納し、日本の機関も最小限度に縮小する。出来る新国家そのものに日本人も支那人も区別なく入っていく。それができなければ満蒙新国家もない——（前掲書）。

——（在満日本人も）新国家に活動したい方はその国家に国籍を移すべき——。

日本人は多民族共存の新国家の建設に、在住の一分子として、衷心から献身しなければいけない。

これが、関東軍による満蒙領有構想からの石原の「転向」だった。

石原が建国の局面で傾倒した、アジア主義的な経綸の観念は、けして彼の思想上の新境地ではない。

陸軍幼年学校に在籍中に、同期生の南部襄吉の父・次郎の、——西洋の覇道は必ず破れる。東洋の王道こそ全人類を統ぶるの道である。また東亜の天地は王道に基づく日支の大同から打ち立てられねばならぬ——（『新装版　石原莞爾』藤本治毅　時事通信社一九九五）という謦咳（けいがい）に接して以来、石原にとってアジアという巨視的な概念は、偏狭なナショナリズムからの発意を戒め、人類史を俯瞰した軍事研究の推進力となっていた。

旧南部藩士の南部次郎は、薩長土肥閥で形成された明治政府に出仕することを断念し、明治七年に清国に渡り、日本と清の新時代の連繫に奔走した国士だった。

石原には、会津若松第六十五連隊長時代に、赴任地の韓国で辛亥革命の報を聞き、部下たちと付近の山上から、中国の前途を祝して万歳を三唱したという逸話がある。また、韓国併合から間もないこの時期、韓国人の立場にいたく同情し、韓国人への善政の実施を、「意見具申狂」といわれるほど上級司令部に申し立てていたといわれる。

多民族国家であり、地方自治を中核とする満洲国は、アメリカのような連邦制国家を思わせる。橘の「富の公有」という理念は、社会主義とも親和的だ。

だが、橘がアジア王道連邦の母体と位置づけ、石原も後に東亜連盟の盟邦に据えた満洲国は、国益の追求をレゾンデートル（存在意義）とする近代主権国家、国民国家とは異なる国家像が、建国時より描かれていた。

王道の実践とは、満洲国を構成する九十五％の農民の自治に基づく、伝統的農村社会を再建することに他ならなかった。一国内で完結せず、外部への伝播が託されていた王道は、資本家の搾取と宗主国の圧政下に構造的に組み敷かれたアジアの民衆社会との、国家を媒介しない紐帯(ちゅうたい)を志向する。これは、労働者の連帯によって国家の解体をめざす共産主義とも違う。王道は国家を否定するのではなく、ネーション・ステート（nation state：国民国家）よりも、高次の不文律的な共同体の形成をめがける。

『民族とナショナリズム』（アーネスト・ゲルナー：加藤節監訳　岩波書店二〇〇〇）によれば、複雑な分業と協業によって成り立ち、人々の流動性を促す近代産業は、人間に高いコミュニケーション能力の共有を求める。よって農耕社会から産業社会への移行とともに、地域ごとに複数存在し、固有の地域秩序を担っていた土着文化（低文化）は、読み書き能力の共有を基礎とする単一の総合的秩序（高文化）の広まりのうちに溶解していく。そうして成文化された言語が普及し、共同主観性が成立し得る範囲内に、きわめて高い同質性を帯びた集団としての国民（nation）が、国民を包含した国民国家が立ちあらわれてくる。

日本という国を愛し、日本人であることを誇りに思う私は、ゲルナーのいう「高文化」を重んじる者なのだろう。だが同時に、人間の集団を国民に局限することに強い抵抗をおぼえる。この世界のもっと豊饒なあり方を想像し、追い求めたい思いが私にはある。

今現在も、国民国家の内部には、無数の地域社会が存在する。私たちの実感的な帰属意識は、むしろ国家以前の、地元や居住する街などの基礎的共同体に根ざしている。

王道の理想が孕む、住民自治による地域の活性化と、国家を超えた自治体の交流というテーマは、今日にも大きな示唆を与える。

国家に集中する権限を基礎的自治体に委譲し、高文化の内側に溶解した、固有の土着的価値（低文化）をとり戻した共同体を、住民自身の意志決定による参加型共同体として再興する。

地域アイデンティティに立脚した各国内の自治社会同士が、国家を仲介しない独自の意思疎通を深め、新しい共同主観性を確立することができたならば、国境という心理的な壁はかぎりなく低くなる。これまで明確に他者と規定してきた異人種や異民族と、国家主義やナショナリズムを超えた地平で繋がることができる。

これは、強固に法的・政治的なカテゴリーであるネーション（国民）とは、異質な信念体系からなる、未知なるエスニック・グループ（ethnic group：種族）の創造とみなせる現象だ。

かような新種のエスニシティが、世界規模で模索された時、主権国家、国民国家を本位とするがゆえに、今も起こりつづけている戦争や、あらゆる国家間の軋轢に、有効な抑止力を提供するのではないか。

満洲国の理想が孕んでいたものは、今日にも通ずる、脱近代世界構築の可能性だった。

狷介孤高

満洲国の遙かしい可能性は、他ならぬ日本人自身の手で破られていった。

建国後に制定された政府組織法は、行政、司法、立法、監察の四権分立を謳いながら、立法府は名目にすぎず、民意の反映たる議会は一度たりとも開かれなかった。行政府の長である国務院・国務総理には「飾り物」の中国人が就任し、国家財政、人事、予算編成などの重要事案はすべて、国務院の補佐機関の総務庁が管掌した。

その総務庁長官をはじめ、中央、地方の行政機関の実質上のトップには、日本の省庁から派遣されたテクノクラートが配され、これらの日本人官吏の任免権はすべて、関東軍司令官が掌握した。満洲国は、関東軍司令官をヒエラルキーの頂点とする独裁的執行機関によって、――帝国（日本）の意の儘に動かす――（『キメラ　満洲国の肖像』）、――永遠にわが（日本の）国策に順応せしむる――として、専断的に統治された。

石原は、――新国家の政治は在満諸民族の公平なる参与により公明に行うべき――（前掲書）であるとして、日系官吏主体の統治に反対した。だが当面の国家運営は、建国を推進した関東軍による主導を認め、その上で七年六月、建国思想の普及と下意上達による民意の集約組織として、満洲国協和会を発足させた。

協和会の支部を全国、全県、全町村に設け、支部の吸い上げた民意を国政に反映させる。そうして民族協和の具体的実を挙げた後に、——該会が三千万大衆の支持を獲得しうるに至りて、初めて軍司令官より主権をこれに譲り、該会の立案企画せる最高政策を政府これが実行に当る——として、協和会を将来の満洲国政府とすることを陸軍中央に申し入れた。

石原は昭和七年八月、本庄繁らとともに人事異動で満洲国を去った。石原らの内地への転出は、陸軍中央が満洲国における統制力回復のために行った措置といわれる。

山口重次によれば、建国を主導した軍人が去って以降、満洲国の方向性は決定的に覆されたという。

満洲事変に身を挺し、在野の有志と建国の情熱を共有していた軍人に代わり、満洲国を日本の新たな支配域としかみなさない、能吏型の軍人と官僚が行政機構に大挙赴任したことで、画一的な行政システムが移植され、日本の属国化が進行した。

協和会は中央統制の阻害要因になるとして、しだいに日系官吏より疎まれていった。

九年九月、協和会事務局執行部から、自治推進論者の山口重次と小澤開作が退任に追い込まれた。小澤は協和会を離任する際、——我々が協和党創立以来最も心を悩まし、無駄骨を折ったのは、対匪賊でも共産党でもない、（日本人）政府官吏との抗争であった——（『石原莞爾と小澤開作　民族協和を求めて』田中秀雄　芙蓉書房二〇〇八）と語った。山口も、県や町村に残された日本人、中国人の協和会員に——民族協和という大前提は会として捨てないでもらいたい——と申し送った。

二人の去った協和会は以降、政府の官製団体にすぎなくなっていく。

橘樸（たちばなしらき）は、日本人官吏の独裁的統治が政体となりつつあった七年一月中旬、「満洲評論」誌上で批判の論陣を張った。橘は各民族平等の公民権に基づく、国・県・町村レベルの公民会議の実施を訴え、日本人主導の独裁政体を否定し、自説の分権的自治体制としての民主政体の採用を主張した。

建国後、自らの足で満洲国各地をたずね歩いた橘は、見聞した実情を、九年十一月の「満洲評論」誌上で次のように慨嘆した。

――満洲国の構成要素たる各民族は、殆ど例外なしに、事変初期の熱心なる期待を漸次に、しかし直線的に冷却せしめつつある――（『キメラ　満洲国の肖像』）。

日本に戻った石原は、仙台の第四連隊連隊長を経て、昭和十年八月より参謀本部勤務となった。作戦部長の任にあった十二年七月に、盧溝橋事件が勃発する。

戦闘を局地にとどめなければ、中国との長期持久戦争となり、ソ連軍の南下も誘発しかねないとして、石原は戦線の不拡大を唱えた。部内は、衝突を奇貨として中国に一撃を与え、華北を制圧すべきとする戦線拡大派が大勢となった。孤立した石原は九月、参謀本部を追われ、事実上の左遷という形で関東軍参謀副長に転任した。

五年ぶりに復帰した満洲国は、建国の理想など見る影もない日本の傀儡と化していた。関東軍の権勢は絶大をきわめ、参謀長の東條英機はその象徴ともいえる人物だった。

昭和十年九月に関東軍憲兵司令官に赴任した東條は、満洲国の警察権限を関東軍憲兵隊に一元化し、抗日ゲリラの掃討の他、市井にも監視網を張りめぐらせ、抗日分子の疑いのある者を徹底的に検束した。後の首相時代の憲兵政治の萌芽だった。

満洲国はこの時期、通貨統一、金融、財政、郵政、通信等の基盤整備を終え、産業開発に重点を移していた。重工業化による開発を主導したのは、商工省出身の岸信介だった。

岸は日本産業の鮎川義介を満洲国に招聘し、鉱業、鉄鋼、重機の生産を、鮎川の興した満洲重工業開発会社に一手に担わせた。

岸の経済政策は、石原が七年一月に、満鉄随一のロシア専門家・宮崎正義に起草を依頼した「満洲国産業五ヵ年計画」を下敷きとしていた。満洲国の経済発展は石原も望むものだったが、岸の主導する産業化は、満洲国の民衆が裨益すべき実利を、「日満一体」の名の下に、ことごとく日本国内に還流するものでしかなかった。

行政府内の日満官吏の比率と待遇の格差も、日系の優越が際立っていた。官吏の比率は、建国当初の日系四、満系六から、日系七割弱、満系三割強となり、下級官吏も日系で占められていた。日本式行政の機微に通じない満人官吏には、露骨に無能の烙印を押し、俸給も日系と満系では倍近い格差があった。

東條英機、岸信介、鮎川義介、総務庁長官の星野直樹、満鉄総裁の松岡洋右は、満洲国の日本化を推進する統制的支配者として「二キ三スケ」と称され、石原が再訪した満洲国は、この者たちの総覧する硬直的な属僚支配に覆い尽くされていた。

石原は公の場で、日本人の要人を容赦なく罵倒した。

植田謙吉関東軍司令官には、日系官吏の減給と官吏の日満比率の対等を訴え、豪壮な司令官官舎を引き払うことを直訴した。

協和会の新任挨拶では、――いったい協和会諸君は何をしているのであるか、上意下達、下意上達の実をつくすべき諸君が民意の反映にすこしも心がけていない――（『地ひらく　石原莞爾と昭和の夢』福田和也　文藝春秋社二〇〇一）と叱責した。協和会中央本部長の橋本虎之助中将には、――卿等、碌々として何等なすところなく、徒に高録を食む。協和会本部長陸軍中将橋本虎之助の如きは初年兵のクセに生意気な――（『石原莞爾　一軍事イデオロギストの功罪』野村乙二朗　同成社一九九二）と最前列に座る当人を面罵した。

東條に対しても、――世に先んじて兵を起こした関東軍は、世に先んじて矛をおさめるべきだ。いまの満州国には関東軍横暴の声が天下にみなぎっているではないか。それに満州国を本来の建国精神に戻すために内面指導権は協和会に戻したほうがいい――（『地ひらく　石原莞爾と昭和の夢』）と直言した。

日本人を満洲国の指導民族とみなす東條にとって、石原は蒙昧な理想主義者にしか映らなかった。東條は後の大東亜戦争の戦時下で、石原の東亜連盟運動を執拗に弾圧したが、両者の確執の因縁はこの時に端を発している。

石原は昭和十三年八月、「関東軍司令官の内面指導権撤回に就て」という意見書を関東軍司令部に提出した。関東軍は軍務に徹し、国策決定権は協和会へ移譲する、出自・民族に捉われない官吏養成機関を創設する、中央政府は治安、裁判、徴税、統制経済だけを職掌し、他の行政は自治に委ねる、などの改革案は、いずれも司令部に容れられることはなかった。

石原は八月十六日、関東軍司令部に辞表（予備役仰付願）を提出し、軍服ではなく、協和会服をまとって、満洲国を後にした。

石原は自らの軍歴をここで閉じるつもりだった。板垣の計らいで現役にとどまったが、舞鶴要塞司令官への補職は、もはや軍の主流から追われたことを意味した。

放熱者たち

王道という理想を胚胎し、国の成り立ちから発展のあり方まで、非近代的原理に貫かれていたはずの満洲国は、日本の近代帝国主義原理を強力に発動させただけだった。

この帰結の責は、すべての事を最初になした石原が負わねばならないものだ。現地部隊が統帥に容喙し、盧溝橋の局地紛争を日支の全面戦争に拡大させたことも、満洲事変で出先部隊の私兵化の先鞭をつけた、石原に帰せられるべき科といえる。

何よりも、満洲事変によって、多くの有志をアジアの始源の理想にひらかせてしまった石原には、軍人として何事もなせない立場となっても、一切の世事に背を向けて余生を送ることなどできるはずはなかった。

石原には、満洲国が建国理念のままに発展していれば、日本と中国の新たな提携空間が創出され、支那事変は起こらなかったという思いがあった。

支那事変の終結と、最終戦争期を迎える日本の体制変革。これらの実現のための、広くアジア規模に跨る昭和維新、東亜連盟運動は、石原が満洲国を去った時より始まった。

アジアの諸国家からなる東亜連盟という構想は、すでに昭和八年六月の時点で、――目下ノ国策ハ先東亜聯盟ヲ完成スルニアリ――（『石原莞爾――一軍事イデオロギストの功罪――』）という、対ソ連、アメリカ、イギリスへの軍事的対抗と、中国の抗日の抑止を目的とした国防戦略に宣明されていた。最終戦争期を迎える世界が四つのブロック圏に分かれ、アジアには東亜圏が創出されるという従来の持論からも、東亜連盟の結成は必至だった。

以降、戦間期を通じて展開された東亜連盟運動は、日本、満洲国、支那（中国）を連盟の基本構成国とし、日満支三国の「国防の共同」、「経済の共通」、「政治の独立」を実現目標に、連盟の指導理念は「王道」とされた。満洲国内の日本人と諸民族の対等な国政への参与など、満洲国の本然への回帰も一貫して唱えられた。

また、――連盟実力の向上、連盟精神普及とにより、逐次参加国を増加して大亜細亜の協同――

た。（『石原莞爾選集（全十巻）合本版』玉井禮一郎編集　たまいらぼ一九九三）となることもめざされ

山形の同郷人であり、かねてから石原を敬愛していた衆議院議員の木村武雄は、政治家としていち早く東亜連盟運動に賛同を示した。

木村は昭和十四年十月、まだ軍籍の身にある石原に代わり、自らの主宰で「東亜連盟協会」を設立し、翌月から月刊誌「東亜連盟」を発刊した。一年後の十五年十二月には、連盟の会員数は一万人に達した。木村は同じ時期に、衆議院百七十三名、貴族院二十五名からなる「東亜連盟促進議員連盟」も結成する。

東亜連盟という放熱は、中国本土で活動する有志にも伝播した。

日系官吏の専横に理念を骨抜きにされた協和会を去り、日中宥和の活動の場を華北に移していた元協和会員たちは、北京、広東に東亜連盟の中国支部をつくった。

国民党政府の要人にも、共鳴者はいた。

かつて北伐に従軍し、国民党中央執行委員を務めた繆斌（みょうひん）は、一九三五年十月、中国国内を席巻する抗日とは一線を画した「中日友好」、「反共産主義」、「王道政治」を骨子とする「中日危機之猛省」を発表し、党の主流を追われた人物だった。

繆斌は一九四〇年に発刊された「東亜連盟」三月号に祝意の寄稿文を寄せ、同年五月、北京に「中国東亜連盟」を設立した。石原の掲げた「政治の独立」に賛同し、中国語版の機関紙「東亜連盟」を発刊する。

支那事変下で蔣介石と袂を分かち、日本との和平を模索した汪兆銘も、一九四〇年九月に「広東・中華東亜連盟協会」、十一月に「南京・東亜連盟中国同志会」を発会し、翌年二月には「東亜連盟中

国総会」を起ち上げた。

石原は昭和十四年八月に、別名義で「東亜連盟建設綱領」を公刊した。十六年三月に京都第十六師団長を免ぜられ、予備役に編入されると、東亜連盟の顧問に就任し、在野の立場から、ついに運動の先頭に立った。

東北から九州まで精力的に講演を行い、支那事変を日本の権益拡張主義と断罪し、中国からの日本軍の即時撤兵、日本の全権益の返還による事変の終結を訴えた。また、官治の制限と自治の拡大という連盟の基本方針から、朝鮮に、朝鮮民族による最高自治政府の発足を主張するなど、石原の演説は各地で反響を巻き起こした。

昭和十五年九月に立命館大学出版部から公刊した「世界最終戦論」は、数十万部という売れ行きをみせた。だが、次いで刊行を予定した「戦争史大観」は、内務省と憲兵隊検閲課より絶版処分に付される。

石原の講演には、陸軍主戦派の息のかかった憲兵隊が常に監視の目を光らせていた。石原に師事し、連盟に加入した朝鮮人は、「連盟を隠れ蓑に朝鮮の独立を企図している」との嫌疑から、逮捕・拘留される者が後を断たなかった。

支那事変を「聖戦」と謳うジャーナリズムや右翼からも、日中和平を標榜する東亜連盟は、「敗北主義」、「赤」と酷評された。

その一方で、石原の講演会の会場はどこも満員となった。連盟の最盛期の会員は二十万人を数え、全国に七十近い支部がつくられた。

「聖戦貫徹」と「暴支膺懲（ようちょう）」の怒号が飛び交うなかで、東亜連盟運動もまた、国民にたしかな訴求力をもっていたのは、なぜなのだろう。

胸臆の憲法

日蓮信仰から世界最終戦論、アジアの王道へと至った石原の思想遍歴の核心に、一貫して備わっていたものがある。

日本の「国体」だ。

国体とは、日本を日本たらしめる根本原理のことをいう。日本人にとっての、目に見えない心の憲法といってもいい。

日本という国は、何ゆえに日本なのか。日本はいかなる理想を実現するために、この世界に存在するのか。その理由を証したものが、国体といえる。

石原は、大正七（一九一八）年十一月に陸軍大学校を卒業し、会津若松の連隊復帰を経て、翌年七月に陸軍教育総監部に異動となった。軍人の思想教育全般を職掌する任務を負ったこの時期の心中を、昭和十五年十二月に脱稿した「戦争史大観の序説」で次のように語っている。

——会津の数年間に於ける猛訓練、殊に銃剣術は今でも思い出の種である。この猛訓練によって養われて来たものは兵に対する敬愛の念であり、心を悩ますものは、この一身を真に君国に捧げている神の如き兵に、いかにしてその精神の原動力たるべき国体に関する信念感激をたたき込むかであった。私どもは幼年学校以来の教育によって、国体に対する信念は断じて動揺することはないと確信し、みずから安心しているものの、兵に、世人に、更に外国人にまで納得させる自信を得るまでは安心できないのである。一時は、筧博士の「古神道大義」という私にはむずかしい本を熱心に読んだことも記憶にあるが、遂に私は日蓮聖人に到達して真の安心を得、大正九年、漢口に赴任する前、国柱会の信行員となったのであった。殊に日蓮聖人の「前代未聞の大闘諍一閻浮提に起るべし」は私の軍事研究に不動の目標を与えたのである——(『石原莞爾選集(全十巻)合本版』)。

なぜ石原は、日本人の心の憲法である国体を「外国人にまで納得させる」ことを思慮し、「日蓮聖人に到達して真の安心を得」たのだろうか。

石原が日米戦争を想定した世界最終戦論を公に語るようになったのは、ドイツ留学後の昭和二年以降のことだが、アメリカが世界の新たな覇権国となった第一次大戦後に、すでに将来の日米戦争を避けられないものとみていた。

——(革命によって)ロシアは崩壊したが、同時に米国の東亜に対する関心は増大した。日米抗争の重苦しい空気は日に月に甚だしくなり、結局は東亜の問題を解決するためには対米戦争の準備が根底を為す——(前掲書)。

アメリカとの戦争は、日米二国間の軋轢を超えた東西両文明の衝突という性格を帯びる。日本はアジアから物心両面の支援を得て、初めてアメリカと戦うことができる。

国体は、万世一系の天皇を高唱するだけの、日本人の浅薄な集団心理であってはならない。軍隊の訓示で説かれているような、精神的なナルシシズムであってもいけない。

日本の国家理想を集約した国体は、石原が昭和十一年に天皇に御進講した文章録、「世界平和の理想を実現する方法」にある、——(世界の平和は)各国家が、それぞれの理想とするところを国内に完成し、国外に宣布——し得るだけの、アジアにも、世界にも通底する、普遍的表現をもたなければならない。

——日本国体ハ実ニ深遠無比ノモノダカラ、其内容ヲ明ニスル宗教亦宗教哲理ノ深遠、因縁ノ霊妙ニ於テ無比ノモノデナケレバナラナイ。ソレハ果シテ何カ——(前掲書)を問いつづけた石原が、古神道やイスラム、キリスト教の典籍を渉猟した末に辿りついたのが日蓮であり、田中智学という在野の仏教者の、国体と法華経を結合した思想だった。

石原は、科学性と霊性を、矛盾なく内面化する人間だった。

戦後に死没する直前に著した『日蓮教入門』で、——科学は五官によって事物を正確に観察し、宗教は五官に感じえないところをも直感によって悟っていくもの——と語っている。科学と宗教は対立概念ではなく、宇宙、世界を知悉するための脳内作用の違いであり、両者は常に相互補完の関係にある。石原にとって、科学者による事物の実証的解析と、過去の宗教者が直感で把握した宇宙の真理は、等しく敬うべきものだった。

法華経の説く宇宙観、生命観は、近代科学の検証に耐え得るものであり、経典に予言された、仏滅後二千年内の正法、像法の時代相はことごとく的中してきた。法華経の予言を寸分違わずに身にあらわした日蓮聖人もまた、その遺文に、人類は仏滅後二千五百年以内に、前代未聞の大闘諍を経て、最高文明建設の時代に入る、と予言した。

石原は大正八年、日蓮に入信し、翌年に田中智学の国柱会の信行員となる。

田中智学の法華経と国体の結合は、いわば末法の時代における神仏習合思想だった。

——彼等（西洋人）に領土の欲があるならば、吾等はすなわち世界人類の胸臆の内を領土とすればよい——（『石原莞爾　一軍事イデオロギストの功罪』）という田中の志に、石原は世界に開顕しうる国体のあり方を見た。

戦時中、国体という言葉は、マスメディアで喧しく唱えられた。

大東亜戦争の緒戦で、日本軍が東南アジアから西洋植民地軍を駆逐した後に、日本の軍官民は、東南アジア各国の原住民に皇居遥拝を強い、皇民化教育を施し、彼らを新たな「天皇の赤子」と呼んだ。

戦時下で瀰漫していたのは、このような、近代主義的に歪曲された、国策イデオロギーとしての国体の表現だった。

弾圧に晒されながらも、戦間期を通じて東亜連盟が根強い支持を得つづけたのは、国体の血肉化を誰よりも志した石原自身の語る国体が、少なからぬ日本人の「胸臆」に、その正しい開顕の何たるかを、轟かせていたからではなかったか。

その軌跡を顧みた時、石原は、一貫して正しい国体の開顕者だったとはいえない。言動には矛盾、ひび割れも目立つ。

将来的な日米戦争を見据えたアジアの連帯という観念は、教育総監部時代にすでに抱懐されていたものだったが、石原が関東軍による満蒙領有を企図して起こした満洲事変は、力こそ正義という、あからさまな帝国主義の発動だった。

政府と軍中央を事変追認に転じさせるための建国構想への転換には、中国側要人への不信感から、参謀のなかで石原が最も頑強に反対したといわれる。

民族協和、王道楽土の建国理念に他の参謀の誰よりも賛同を示した後も、——もし我らが民衆の支持を得る見込十分なるに拘らず、支那要人の妨害あるならば断然これを領土とす——（『キメラ満洲国の肖像』）、——もし支那民衆の支持得がたき時は、我ら自らその能力なきものとして満蒙より退去するか、または弾圧によりて彼らを搾取す——ともいっている。

石原の満蒙への眼差しは、世界最終戦争のための戦略拠点という、軍事的プラグマティズムがすべてであり、領有か建国かは、目的達成の手段にすぎなかったともみなせる。

石原の胸裏が帝国主義と王道の振れ幅から脱するのは、参謀本部を追われ、満洲国に再赴任した時だったといえる。支那事変の勃発当初、杉山元参謀総長が天皇に、事変は三ヶ月で片が付きます、と上奏したように、戦局を楽観視する空気が大勢だった陸軍内で、石原の危機感はきわめて強いものだった。

山口重次は、関東軍参謀副長として渡満する直前の石原と東京で会い、石原から支那事変の見通しについて、次の悲愴な発言を聞いている。

――この戦争が持久戦争になって、戦争に敗れて、大八島八洲だけになっても、八紘一宇、神州不滅の神勅通り、日本は滅びないという自信を得た――（『石原莞爾と小澤開作　民族協和を求めて』）。

日本は支那事変に勝つことはできず、事変の長期化は、早すぎる日米戦争を招来することを、石原は見抜いていた。国力を超えた戦争に突入すれば、日本は軍事的弱者でしかなくなる。弱者に残された武器は、道義しかない。

日本を破滅から救わねばならないという、極大の危機意識に苛まれていたからこそ、石原は国体の正しい開顕を一途に訴えた。かような国難を招来した、自らの責任を果たす意味においても、それは誰よりも自身が、真摯に唱えなければならないことだった。

私は、日本人が国体を正しく顕わしたならば、日本は大東亜戦争に敗れることはなかったと思っている。

けして時代錯誤の過去の遺物ではない、平成二十七年の今日もこの国に息づいている、国体については、あらためて語りたい。

愛すべき古地図の描かれた昭和八年

国道二十七号線を対面の歩道へ渡り、市街地へ引き返した。

新相生橋を渡った河川敷の近くに、高いネットに囲われた運動場があった。ネットに「(仮称)西運動公園完成予想図」という看板が掛かっている。まだ建設中らしい。

運動場を過ぎ、先の小道を左へ折れた。古めかしい家屋の立ちならぶこの界隈も「舞鶴市街図」には空白が多い。隘路の先に学校があり、「城北中学校」の看板が目にとまった。ここは古地図に「府立女学校」と記されている。

郷土資料館に通じる道に出た。午前中は資料館を見学した後、この通りを西に進んだが、今度は資料館の交差点を右に折れ、北へ向かった。

通り沿いの古家の門柱の開き戸に、「移転しました」と書かれた張り紙があった。店舗兼事務所を他所へ移した、とある。海苔の商家のようだ。門の脇の板塀は損傷がひどく傾いており、縁側のある庭も雑草に覆われている。廃屋のような雰囲気だ。老舗らしいこの商家を「舞鶴市街図」に探したが、記載はなかった。

古家の右手の塀越しに、屹立する十字架が見えた。

その建物の正面にまわる。敷地の入口の脇に「舞鶴カトリック教会の歩み」という説明板があり、中庭の奥に、四本の丸い支柱を玄関に設えた教会の母屋がある。十字架は、母屋の左側に併設された煙突に似た四角い建物の頂に立っていた。中庭の端に「天主公教會」と彫られた古い石柱がある。「舞鶴市街図」の同じ場所には「――宣教所」と表記されている。――の部分は字が小さすぎて読めない。通りを挟んだ対面に「天主公教會」とあり、今、通りの対面には「レデンプトール修道会舞鶴修道院」がある。

通りを挟んだ両側に教会の施設があることは、昭和八年の頃と変わらない。「天主公教會」の古い石柱は、後年にこちらに移されたのだろう。

他の施設や商家と同じように何気なく記されているけれど、「天主公教會」と「――宣教所」の文字には感慨をおぼえる。二つの施設は、この地図が描かれた数年後には、迫害の時代を迎えたのだから。

「舞鶴市街図」が作製された昭和八年は、四月に日本政府と中華民国の国民党政府との間に塘沽（たんくー）停戦協定が締結され、満洲事変の一応の終結をみた。だがこの年の三月に、日本は国際連盟を脱退している。

二月二十四日にスイスのジュネーヴで開かれた国連総会で、満洲国を非承認とする国連査察団の最終報告書が、賛成四十二、反対一（日本）、棄権一（タイ）で可決されると、日本の国連代表団は、これを不服として国連の脱退を宣言したといわれている。

日本は当初、満洲国を非承認とされても、国連にとどまるつもりでいた。日本の残留にはイギリスの強い要請もあった。日本が脱退してしまうと、アメリカも加盟していない国際連盟は、ただのヨーロッパ会議と化してしまう。

イギリス、フランスは、蒋介石が満洲事変を日本の侵略として国連に提訴した後も、日本には一貫して好意的な態度をとりつづけていた。むしろ、革命外交という露骨な軍事的手段で国権の回収を図る中国を白眼視していた。国連から派遣されたリットン調査団の最終報告書の内容も、日本への配慮が際立っていた。

リットンリポートは、満洲の潜在的主権は中国にあるとしながら、統治主体の不明瞭な満洲の特殊性を多分に強調していた。その上で、日本の満洲権益を合法とし、さらには中国本土から分離した満洲の自治を認め、その自治機関の構成員は、ほぼ日本人が占めてよいとする内容だった。ただ、満洲国の建国は在満三千万民衆の総意であるという日本側の主張は実態がともなっていないとして、満洲国は非承認とした。

国連は、大国の侵略を警戒するヨーロッパの多数の小国を加盟国に抱えていた。日本の傀儡性が濃厚な新国家の非承認だけは譲歩できなかった。

日本は非承認決議をやり過ごし、国連に残留したまま、満洲国の建設を進めていくつもりだったが、一月に関東軍の行った熱河作戦が事態を一変させた。

張学良軍の残党を掃討するための熱河作戦は、政府も閣議決定した正式な軍事行動だったが、斎藤実政権は、天皇の裁可を経た後になって、熱河作戦が国連規約第十六条に抵触する可能性に気づいた。第十六条は、紛争当事国が調停中に新たな紛争をひき起こした場合、全加盟国から経済制裁を課され、国連から強制退会させられるというものだった。

斎藤総理は天皇の裁可のとり消しに奔走したが、元老の西園寺公望(きんもち)より、裁可の変更は天皇の権威を失墜させるとして反対され、熱河作戦は決行された。

強制除名という不名誉を被る前に、自ら脱退を選択したというのが真相だった。国連の脱退は、国際社会に日本の主張を発信する最大の場を失うことであり、外交的敗北であるという認識は、多くの政治家、識者も共有していたが、世論も新聞も脱退を肯定する声が大勢だった。

日本が国際的孤立の道を歩み出したとされる昭和八年は、――治安維持法の適用範囲が拡大されて、共産党のみならず各種の「外郭団体」にも弾圧の手がおよぶようになる時期――(『治安維持法小史』奥平康弘　筑摩書房一九七七）だった。

この年の二月、プロレタリア文学者の小林多喜二が拷問によって獄中死した。小林は、官憲による日本共産党の弾圧の様子を描いた『一九二八年三月十五日』や『蟹工船』の作者で、潜伏していたところを特高（特別高等警察）に拘束され、共産主義思想に殉じた。

六月には、日本共産党幹部の佐野学と鍋山貞親が、収監先の市ヶ谷刑務所から「共同被告同志に告ぐる書」という声明書を発表し、共産主義からの「転向」を表明した。

共産党の二大巨頭の転向の影響力は大きく、共産党の他の幹部やシンパ、作家、経済学者、俳優、文化人など、共産主義に共鳴していた著名人の転向表明が相次いだ。戦前の日本共産党は、昭和十年三月の党中央委員・袴田里見の逮捕を最後に、事実上、壊滅する。

国連の脱退は、ワシントン体制以来のこの国の国際協調外交の破綻を象徴する出来事であり、対外緊張の高まりは、国内の結束を促進する契機となった。

昭和八年は、大正デモクラシー以来の自由で個人主義的な空気が退潮し、市民社会のあらゆる前面に、国家が抑圧的に佇立し始めた時期だったといえる。

一九一七（大正六）年のソビエトという社会主義政権の誕生が、世界にどれほどの衝撃を与えたか、今日の私たちには想像することが難しい。

第一次世界大戦中のこの年の二月、ロシアの首都ペトログラードで、生活の窮乏に耐えかねた農民が反戦運動を起こした。政府は軍隊を動員して鎮圧しようとしたが、動員された兵士も農民に呼応し、政府に反旗を翻した。運動は大規模な暴動に発展し、貴族、地主、聖職者、知識人の多数、皇帝一族、ニコライ二世までも処刑する革命となった。

二月革命後、臨時政府が発足し、農民、労働者、兵士を中心とするソビエト（代表者会議）が結成された。十月に再び起こった革命で、レーニンの率いる左派組織・ボリシェビキは、臨時政府を倒し、ソビエトに権力を集中させた。

一九二二年、ロシアと東欧諸国からなるソビエト社会主義共和国連邦が誕生する。ボリシェビキはソビエト連邦共産党となり、社会主義革命を牽引したレーニンは、人民委員会議議長という、ソビエト連邦の初代指導者となった。

レーニンの革命理論は、社会主義理論の非実践性を補完したマルクス主義（共産主義、科学的社会主義）だった。資本主義は高度な発達段階（帝国主義）に到達すると、プロレタリア（労働者）革命が起こり、ブルジョア（君主、資本家、地主）階級は廃絶され、搾取のない平等なプロレタリアート独裁の社会が実現するというマルクス主義のテーゼは、現実にはその過程を経ていないものの、ユーラシア大陸の北部に広大な社会主義国家圏をつくり出した。

ソ連誕生の影響力は絶大だった。世界中の無産階層が、恐慌や貧富の格差をもたらす資本主義社会の構造的欠陥を克服した楽園の建設を、ソ連の誕生に夢想した。

日本は万世一系といわれる天皇を奉戴する国だ。マルクス主義が国内に浸透し、労働者の革命が起こり、皇室が廃絶されれば、この国の伝統的秩序も人心も根本から覆り、日本という国ではなくなってしまう。

一九七〇年代まで、日本社会党左派の社会主義協会のメンバーは、日本で社会主義革命を起こすことを真剣に考えていたし、連合赤軍事件などの暴力革命も起こりかけた。そのことを考えれば、ボリシェビズムの影響力が最高潮にあったソ連の誕生時に、日本の為政者がマルクス主義の浸透に亡国の恐れを抱いたのは、当然のことだったと思う。新たな治安法を制定し、国内の赤化を防ごうとしたことは、日本だけでなく、欧米資本主義国にも共通の動きだった。

その意味で、一九二五（大正十四）年三月に制定された治安維持法には、必然性はあったが、体制側の法解釈が年を追って拡大し、ついには人の心まで裁断するに至ったこの法律は、やはり悪法と誹(そし)られるべきだと思う。法の拡大適用という、国家権力の増長を促した原因は、この法律の条文に求められるのではないか。

治安維持法の第一条は、――国体ヲ変革シ、又ハ私有財産制度ヲ否認スルコトヲ目的トシテ結社ヲ組織シ、又ハ情ヲ知リテ之ニ加入シタル者ハ、十年以下ノ懲役、又ハ禁錮に処ス（付点、筆者）――（『治安維持法小史』）となっていた。

この法律は、国体の語を法文化している。

私は国体を、日本人にとっての目に見えない心の憲法、と書いた。

国体は、日本人の伝統的な内面倫理や道徳観を表す、形而上的な概念だ。明治天皇が明治十五年に軍人に下賜された軍人勅諭、二十三年に国民に下賜された教育勅語などの、法律ではないが、この国ではそれ以上の権威と戒律性をもつ、天皇の詔勅というものに用いられて、初めて躍如する概念が国体だ。

その国体の語を、現世法たる形而下の法律上の用語に、俗塵にまみれさせるかのごとく落とし込んでしまったものが、この治安維持法だった。

治安維持法案が審議された第五十回帝国議会で、治安法を管掌する内務省は、国体の語の法文化は、天皇の統治する国という、この国の形を大づかみに示したものにすぎず、法の拡大解釈による濫用はありえない、という主旨の答弁をした。

制定時の治安維持法は、この国の体制転覆をめざす、私有財産制を否定する組織的実体のある革命結社、すなわち、日本共産党（当初は無政府主義組織も）の解党を目的としていた。「革命結社による、革命のための準備行為及び実行行為」のみを処罰対象としていたはずの治安維持法は後年、警察と司法当局による恣意的な拡大適用が進行する。

市民的権利の擁護を掲げた運動組織（日本無産党）や、農民と労働者の組合運動を推進する団体（日本労働組合全国評議会）、さらには、共産党と何の繋がりもない、学生や大学教授らのマルクス主義研究会や読書会などのグループ活動までが、当局の主観から治安維持法違反とみなされ、検挙の対象とされていった。

当局による法の濫用は、憲法学者の美濃部達吉も「法律用語とするには不適当」と語っていた国体の語を、条文に書き入れたことと恐らく無関係ではない。国体という語のもつ厳粛な響きが、治安当局者の正義感を暴走させたことは考えられる。

法の及ぶ範囲を厳正に画すことは、近代法の鉄則だ。

政府の権力行使が適切であるかを常に精査し、その越権行為を糺すための機関が、国民の代表からなる議会だ。

その議会の存在意義に関わる決定的な出来事が、これはドイツでのことだが、やはり昭和八年、一九三三年という年に起こっている。

この年の三月、世界で最も民主的な憲法といわれたワイマール憲法下のドイツで、ドイツ議会は、ヒトラー内閣に無制限の立法権を賦与する全権委任法を可決した。

議会自らが政府を掣肘する権能を放棄するという、同様の事態が、日本でも進行していく。

大日本帝国憲法下の日本の議会には、条約の批准権や総理大臣の任命権がなかった。今日の国会に比べれば、その権能はかなり限定されていたが、予算の審議権と議決権を有していた意義は大きかった。議会が予算を成立させなければ、政府は何一つ政策を実現できない。日清戦争前の議会で、民党が軍拡予算をことごとく否決したように、昭和の時代でも、議会が戦費の計上を拒否すれば、戦争を抑止することは可能だった。

また、大日本帝国憲法の第五十二条には、議員が議場で行った発言は院外で責任を問われないとする、今日の日本国憲法第五十一条と同様の、議会政治において最も重要な「議員の言論の自由」も保障されていた。

だが、現実に進行したのは、議会は院内の言論の自由も、行政府と分立する地位も自ら棄て、最後は、戦争を推進するための政府の御用機関になり下がるという事態だった。

分裂を束ねて

当時、総理大臣の選定は、元老といわれる明治維新の功労者たちの専権事項だった。明治十八年の内閣制度の発足以来、帝国議会が開設された後も、総理大臣に任命されたのは、議会とは無関係の藩閥の出身者がほとんどだった。

大正期に入ると、近代産業と都市化の進展のなかで、都市商工業者や賃金労働者といった新たな労働階層が生まれた。第一次大戦の連合国の「民主主義の勝利」や、戦後の国際連盟の結成など、平和な協調体制を求める世界的な潮流は、知識人や学生に、デモクラシーや無政府主義、農本主義などの新思想を普及した。農村の窮乏や貧富の格差、劣悪な労働環境などの社会問題も顕在化し、社会主義やマルクス主義も学問的な関心を集めた。

知的刺激に富んだ自由主義的な風潮は、都市住民を中心に、反藩閥政府や国民の市民的権利を求める声を高め、普通選挙実施運動や労働組合運動も興隆した。

憲法上の天皇の統治権をめぐり、美濃部達吉の天皇機関説と、上杉慎吉の天皇絶対主権説の解釈論争が起こったのも、この頃だった。

大日本帝国憲法が制定された当初は、天皇は内閣の輔弼（ほひつ）を受けて統治権を行使するが、神格を有する天皇は国家を超越した存在であり、窮極的にはその輔弼からも自由な国家意思の発現主体であるとする、天皇絶対主権説が主流だった。

対して美濃部の天皇機関説とは、大日本帝国憲法下の主権は法人としての国家にあり、天皇は国家に代わって主権を行使する最高機関に当たるというものだ。天皇は国家の意思に従って主権を行使する。その場合の国家意思とは、議会で決議されたものであるとされ、よって国民に選任された代議士からなる議会が、国家を運営する主体とみなされる。

美濃部の天皇機関説は、学界や官界で広く承認され、国家公認の憲法学上の定説となった。このことも、大正というリベラリズムの高揚期を象徴している。

天皇機関説は、藩閥政府を否認し、議会中心の国家運営と政党内閣の正当性を根拠づけるものであり、この国においても代議制民主主義を可能とする重要な憲法解釈となった。

美濃部の天皇機関説の影響力が官界やアカデミズムの枠内にとどまったのに対し、議会政治の要諦と国民の政治意識の向上を広く大衆に訴えたのは、「大正デモクラシーの生みの親」といわれた吉野作造だった。

美濃部の学説でも主権は国家にあるとされたように、大日本帝国憲法から「国民主権」を直截に抽出することはできない。吉野はそれを踏まえ、大正五年に発表した『憲政の本義を説いてその有終の美を済すの途を論ず』で、西洋由来の「デモクラシー」を、国民主権に直結する「民主主義」

とは訳さずに、民を本位とするという意味の「民本主義」と訳した。その上で、国家は国民を主体に存在する以上、国家権力の行うあらゆる政策は、国民の最大幸福の追求でなければならず、よって民本主義（デモクラシー）を基軸に展開されなければならないとした。そして大日本帝国憲法を、国民の利福を最大の目的とする、西洋流の近代憲法として解釈が可能であることを論証した。

吉野は、国民が選任できない藩閥政府、官僚、軍部の主導する政体を否定し、普通選挙制の導入による衆議院中心の国家運営と、政党間に正常な緊張関係をもたらす二大政党制を主張した。

在野の一思想家の言説は、政界から国民の政治意識にまで、多大な影響を与えた。

一九一六（大正五）年十一月、憲政会総裁の加藤高明は、藩閥政府を批判する演説のなかで次のように語った。

――内閣組織者は政党首領たらざるべからずと云う規定はないけれども、憲政の本義に照らして、政党首領が内閣を組織するは当然である。（中略）我党は今日の場合、法律の許す範囲に於て、速かに憲政の運用をその常道に帰せしむるよう奮闘努力せねばならぬ――（『日本近代史』坂野潤治　ちくま新書二〇一二）。

加藤は、今日の政治家やマスコミもよく口にする、「憲政の常道」という言葉を初めて公に発した。

大正七年九月、平民出身の原敬を首相とする、本格的な政党内閣が誕生した。

原内閣は、この年の七月に発生した、近代日本最大の民衆蜂起といわれる「米騒動」の終息後に発足した。

米騒動とは、都市部の急激な人口増と食糧需要の増加に米の生産が追い付かず、米商人らの買い占めによって高騰した米価の引き下げを求め、国民が全国規模で起こした抗議行動のことだ。政府は警察と軍隊を動員して鎮圧したが、米騒動は、団結して声をあげる民衆という、この国に出現した新しい景色だった。

元老の山縣有朋は、こうした「民衆の声」をもはや無視できなくなり、民意の負託を受けた原敬内閣という、歴史的な非藩閥政権は生まれた。

大正十四年三月には、憲政会の加藤高明内閣の下で、納税制限の撤廃による男子普通選挙制が成立する。加藤内閣以降、立憲民政党（旧憲政会）と政友会の二大政党制が確立し、「憲政の常道」に基づく二大政党内閣は八年つづいた。

昭和七年五月、政友会内閣の犬養毅首相が右翼と海軍人のテロ（五・一五事件）で暗殺されたのを最後に、二大政党制も原敬以来の政党内閣も終焉した。以降は、非政党の諸勢力均衡内閣が終戦までつづくことになる。

最大政党の党首に組閣が命じられなくなった背景には、第一次大戦後の不況以降の国民の窮乏をよそに、汚職や疑獄事件をくりかえす政党政治家への国民の失望があった。

政治家は、選挙で議席を増やし、党勢を拡大するために、企業団体に莫大な献金と集票を募る。その集金と配分、集票のあり方が、時に法の一線を越えることは、今日でも見慣れた光景になっている。私たちはそのことを批判しながらも、政治とはこういうものだとどこか諦観しているし、汚職が一掃される完璧な政治制度があるとも考えていない。私たちは「政治不信」を時々に口にしながらも、政治家が国の舵とりをすること自体に疑義を呈したりはしない。

当時の国民には、醜い金権政治なるものは、純粋に根絶されるべきものとして映った。さらにいえば、汚職の不可避な政党政治に代わる、もっと国家国民のためになる制度なり体制なりが、ありうるのではないかと考えられた。そのひとつの解と目されたものに、ファシズムがある。

戦前のイタリアやドイツで、日本でも独裁者不在のうちに軍部を中心に漠然と発現されたファシズムは、国民の自由を抑圧する強権的な全体主義体制として、今日では絶対悪とされている。だが、イタリア語のファシオ＝「束ねる」を語源とする、文字通りの結束主義であるファッショ体制は、イタリアやドイツ、日本でも、国民の強い支持を基盤に成立した。ドイツ議会のヒトラー政権への全権委任法の可決も、日本の国家総動員法の制定や、ナチスをめざしてつくられた大政翼賛会（ヒトラーのような強力なイデオロギストを首班とするナチスと異なり、時々の総理大臣が総裁を務めただけの行政補助機関に終わったが）の成立も、世論の要請こそがなさしめたものだった。

日本の政党内閣終焉の背景には、国民の政党政治への不信、テロも辞さない非合法右派、合法左派の台頭、軍部主導体制の樹立を目論む陸軍統制派の介入など、日本の政治地図が様々な勢力によって、四分五裂の状態に陥っていたことがあげられる。

だが、犬養内閣の瓦解後に、ポスト政党内閣のごとく、後世にいわれる軍部主導のファッショ体制がただちに確立したわけではない。国民は満洲問題を解決した軍を評価しつつも、政治家に代わる新たな統治主体として、軍を尊重したなどという事実もない。

議会の力はたしかに弱まりつつあった。昭和十年には、代議制民主主義を支える重要な憲法解釈だった天皇機関説を政府が公式に否定する、天皇機関説事件が起こった。

この年の二月の貴族院本会議で、予備役陸軍中将の菊池武夫議員は、天皇機関説は国体への「緩慢なる謀反であり、明らかなる反逆」であるとして、機関説の提唱者であり、同じ貴族院議員の美濃部達吉を謀反人として弾劾した。この動きに、天皇絶対主権説を主張する右翼団体と、議会の力を弱めたい軍部が同調した。非政党内閣の岡田啓介政権を退陣に追い込みたい野党の政友会も、衆議院で美濃部の除名決議に賛成した。

天皇機関説事件は、天皇を国家の一機関にたとえるなど不遜きわまりないという、技術論的な憲法論議とはほど遠い、観念的な非難にすぎないものだった。だが岡田内閣は、現人神たる天皇の絶対信奉を説く「国体明徴に関する政府声明」を出し、政府の公式見解として、天皇機関説を否定した。美濃部は『憲法撮要』などの著書三冊を発禁処分とされ、不敬罪で訴えられた上に、貴族院議員を辞職に追い込まれる。

翌十一年には、陸軍皇道派の青年将校による、二・二六事件という政権転覆のクーデターが起こる。

二・二六事件は今日、当時の国民の潜在的な支持を得ていたように語られることがあるが、国民は青年将校の掲げた、それこそ天皇絶対主権説に基づく、天皇親政の軍事独裁政権の樹立や、軍のさらなる政治介入など求めていたのだろうか。

二・二六事件の六日前の二月二十日に、第十九回総選挙が行われている。投票率七十八・六四％のこの選挙で、田中義一内閣以来、親軍的な姿勢を強めていた政友会は、改選前の二百四十二から百七十五に議席を激減させた。反ファッショ、反軍国主義を唱えていた民政党は、改選前の百二十七から二百五に大幅に議席を伸ばし、衆議院第一党となった。国民の福祉の拡充を訴えた社会大衆党という無産政党も、改選前の三議席から六倍の十八に議席を増やした。

社会大衆党は、翌年四月の第二十回総選挙でも、議席を三十七に伸ばす躍進を遂げ、陸軍のロボット内閣といわれた林銑十郎（予備役陸軍大将）内閣を、組閣からわずか四ヶ月で退陣に追い込んだ。

この二度の総選挙の結果は、国民は生活の向上と平和な暮らしを求めていたにすぎなかったことを示している。この時点の民意は、明らかに反ファッショ、反軍だった。

軍がもてる実力を国内に向けた二・二六事件は、マスコミや政官界を委縮させ、結果として軍の権勢を高めたが、事件直後の議会は軍に屈しなかった。

十二年一月の第七十回帝国議会で、政友会の浜田国松議員は、寺内寿一陸軍大臣に対し、軍部は近年、独裁強化を画策しているのではないか、と詰問した。寺内はそれを否定し、軍人に対して侮辱するかのごとき言葉があったのは遺憾である、と抗弁した。浜田は、速記録を確認してほしい。私の発言に軍を侮辱する言葉があったのなら、割腹して謝罪する。なかったら君が割腹して謝罪せよ、と檄高した。

浜田の質疑中、議場からは浜田に賛意を示す声がしきりに上がっていた。陸軍は議会の閉会後、浜田の政友会からの除名を求めたが、政友会はそれを無視し、議会も浜田に何の懲罰も下さなかった。浜田の質疑は、権力の横暴を糺す代議士の本領発揮であり、昭和十二年一月の議会では、議員の言論の自由はまだ生きていた。

だが、この年の七月に支那事変が勃発すると、デモクラシーの主体である民意そのものが変わり始める。

政府は九月、「挙国一致」、「尽忠報国」、「堅忍持久」を目標に「国民精神総動員運動」を唱え、国民の戦意を煽った。戦争が長期化の様相を呈し始めた翌年四月には、「国家総動員法」が議会を通過する。

この法律によって、あらゆる国内資源の戦争への統制運用が、議会の議決を経なくとも、政府の主導による天皇の勅令という形式で可能になった。

国家総動員法は、議会が政府に白紙委任状を手渡すに等しいものだった。政友会の浜田国松、牧野良三、民政党の斎藤隆夫ら、反対派の議員はもちろんいたが、法制化の背景には、近衛文麿内閣への陸軍の強い働きかけと、すでに戦争に前のめりな世論があった。

戦争には、平時外交のような玉虫色や中庸がない。兄弟、友人、同胞の戦死という情緒的事実の蓄積は、非理性的で排外的な国論を醸成してしまう。

巷間には「暴支膺懲」なるスローガンが溢れ、中国を軍事援助し、日本に通商上の様々な制裁を課すイギリス、アメリカへの敵愾心も日毎に増幅した。日本精神への回帰なる声が、あらゆる分野で猖獗をきわめた。

国家総動員法に反対した民政党の斎藤隆夫は、十五年二月の第七十五回帝国議会で、非政党内閣批判を交えながら、支那事変の終結の方策を痛烈に政府に質した。

——一体支那事変はどうなるものであるか、いつ済むのであるか、いつまで続くものであるか、政府は支那事変を処理すると声明しているが如何にこれを処理せんとするのであるか。国民は聴かんと欲して聴くことが出来ず、この議会を通じて聴くことが出来得ると期待しない者は恐らく一人もいないであろうと思う——（『回顧七十年』斎藤隆夫　中公文庫一九八七）。

——ただいたずらに聖戦の美名に隠れて、国民的犠牲を閑却し、曰く国際正義、曰く道義外交、曰く共存共栄、曰く世界の平和、かくのごとき雲を掴むような文字を列べ立てて、そうして千載一遇の機会を逸し、国家百年の大計を誤るようなことがありましたならば（中略）現在の政治家は死してもその罪を滅ぼすことは出来ない——（同書）。

——事変以来の内閣は何であるか。外においては十万の将兵が斃れているにかかわらず、内においてこの事変の始末をつけなければならぬところの内閣、出る内閣も出る内閣も輔弼の重責を誤って辞職をする。内閣は辞職をすれば責任は済むかは知れませぬが、事変は解決はしない。護国の英霊は蘇らない――（同書）。

斎藤の質問演説は、同僚議員より「聖戦目的を侮辱している」と糾弾された。翌月、斎藤は圧倒的多数の議員投票によって衆議院議員を除名され、議会はその後、超党派による「聖戦貫徹ニ関スル決議案」なるものまで可決した。

斎藤を衆議院から追放したのは、同じ代議士たちだった。彼らはこの時、議会政治の支柱である議場における言論の自由を、自ら葬った。代議士は民意を代表している。この事態を促したのは、国民だったということになる。

第七十五回帝国議会から八ヶ月後の昭和十五年十月、近衛文麿総理大臣が主導した新体制運動の下で、すべての政党が解党を宣言し、大政翼賛会に合流した。

新体制運動は当初、既存の全政党に代わる一党大政党の結党をめざしていた。その大政党の下に、国民各層を組織化し、国民の広範な支持を基盤とした内閣と議会の力で、官界を抑え、軍の統帥権をも国務に従属させ、政治主導による国家運営を実現しようとした。だが、新党運動では斬新さがないとして、新体制運動と銘打たれて結成された大政翼賛会は、当初の理念とは大きく乖離した組織となった。

本来の一党大政党であるならば、大政翼賛会の幹部はすべて代議士で構成されなければならないはずだが、八名の常任幹部のうちの六名が、陸海軍の軍務局長を含む官僚で構成され、代議士は二名にすぎなかった。二十六名からなる準備委員も、――自由主義者をはじめ、社会主義者、国家主義者もおり、言論人も政治家もいるという具合で、およそ「同志」とか「指導精神を同じくする」などということとは、全く無縁のもの――（『昭和動乱の真相』安倍源基　中公文庫二〇〇六）で構成された。

各道府県には、大政翼賛会の末端組織として町内会、部落会、隣組がつくられたが、これらを統括する支部長には、地方長官の知事（当時の道府県知事は、選挙による公選ではなく、内務省の官選だった）が横滑りで就任したことから、翼賛会の地方組織は完全に内務省の管掌下となった。こうして大政翼賛会は、軍部を中心とする戦争指導部の意向を地方にまで統制的に行き渡らせる、官僚主導体制の一大補助機関となった。

至上の倫理

マックス・ヴェーバーの定義によれば、近代国家とは「社会のなかで正当な暴力を独占的に所有する機関」だ。

国内の安寧秩序を維持するために、立法権と裁判権、警察や軍隊といった実力組織をも掌握する巨大な暴力装置が近代国家であり、近世以前の世界に、このような国家はありえなかった。だからこそ、近代国家の政府は、けして国民から全権を委任されているわけではなく、行使できる権力は憲法で制限されている。

このような、国民が政府を掣肘する近代憲法として大日本帝国憲法を解釈し、憲法に拠って立つ立憲政治と、それを担う代議制民主主義を可能にした天皇機関説を、この国は否定した。議会に諮らずとも、国内資源を戦争に動員できる国家総動員法を制定し、ついには政党不在の大政翼賛会の下で、議会は内部に批判勢力を、議員は言論の自由を失った。

国家統治に関する完璧な制度や体制というものは存在しない。
国家を運営する上で、致命的な過誤を回避する最後の拠りどころであり、今日の私たちも実のところ委ねているのは、時の権力を担う者たち諸個人の、倫理観や道徳、良識でしかない。民主政体を声高に謳いあげる今日であっても、最後の信はこの一点なのだと思う。
だから私は、当時の権力者たちが、立憲主義と代議制民主主義を放擲したことはあえて咎めない。そのこと以上に、彼らに厳しく問い質さなければならないことがあるからだ。
天皇機関説事件に際し、岡田啓介内閣の発した「国体明徴に関する政府声明」とは次のものだった。

——我が國體は、天孫降臨の際下し賜へる御神勅に依り明示せらるゝ所にして、萬世一系の天皇國を統治し給ひ——（『所謂「天皇機関説」を契機とする国体明徴運動』社会問題資料研究会編　東洋文化社一九七五）。

——統治権が天皇に存せずして　天皇は之を行使する爲の機關なりと爲すが如きは是れ全く萬邦無比なる我が國體の本義を愆（あやま）るものなり——（同書）。

——政府は愈ゝ（いよいよ）國體の明徴に力を効（こう）し其の精華を發揚せんことを期す——（同書）。

「天皇ハ神聖ニシテ侵スベカラズ」という憲法を戴く当時の権力者たちにとって、国体は最も高潔にして、最後の拠りどころたる、倫理だったはずだ。

「国体明徴声明」を発した政府、この声明に賛同した政治家、役人、軍人は、国体を現実に「其の精華を發揚せん」と唱えたこの宣言に、どれほどの畏れと覚悟を抱き、自らを律したのか。

その発揚なるものを誤った時、それこそが至上の倫理たる国体への忌まわしいまでの背信であり、もたらされるのは、もはや亡国でしかないということを、どこまで自覚していたのか。

文部省教学局は昭和十二年三月、国体明徴声明にあわせ、『國體（こくたい）の本義』という国体の解釈書を刊行した。

戦後、GHQはこの本を、内容が非民主的であるとして発禁処分とした。戦後の日本人も、神懸かり的なテキストという烙印を捺し、忘れ去った。はたして、そのような内容のものだったのだろうか。

『國體の本義』は、この国の明治以来の西洋文明の摂取、とりわけ十八世紀の啓蒙主義以降の合理主義、実証主義、西洋の諸種の学術、文物、制度の導入が、日本の多分野の近代的改革に大きく貢献したという立場を明らかにしている。

その上で、かつて中国やインドの文明を土着化したこの国の内在力の発揮が、西洋文明の摂取においては混乱をきわめ、未だ不十分であり、国体の明徴とは、西洋の思想と文化を適切に包摂し、国際普遍性をもった新しい日本文化を創造することにあると説いている。

外来の叡智を排斥するのではなく、それを自家薬籠中のものとする力の源泉が国体であり、そのための日本的理性ともいうべきものの涵養を、この本は訴えている。

『國體の本義』は、当時の先進国間で問題視されていた個人主義、いわゆるアノミー現象（大衆社会の進展によって共同体が求心力を失い、社会や国家から遊離した利己的な個人が伝統的共同体を解体する）への有力な処方箋として、国体の内実を詳（つまび）らかにしている。また、国体の発揚は、自ずから国際性を有するものであり、日本人の間でしか流通しない視野狭窄な日本主義や自家中毒への陥りを、厳に戒めている。

公刊とともに全国の学校関係者に三十万部配布され、市販本も昭和十八年には百八十万部に達した『國體の本義』は、時世へのおもねりも窺えるし、大時代的な大仰な表現も目立つ。だが、全体の論脈を通じ、国体の内実を精緻に抽出していると思う。

この本が誤読されたのだとしたら、残念ながらそれは、当時の日本人の知的退廃を示している。あるいは、正しい読解を妨げる何かに、日本人は蝕まれてしまっていたという他ない。

私自身、十年ほど前に神保町の古書店で見つけたこの本を繙き、素朴に国体への理解と敬親を深めた。近年、佐藤優氏の『禁書『国体の本義』を読み解く　日本国家の神髄』を読み、さらにその思いを強くした。

国体の内面化が切実に日本人に求められていた時代に、国体の精髄を描き出したこのような本が公刊されたにもかかわらず、丁寧に読み解かれなかったこと、読み解く力をすでに多くの日本人が失ってしまっていたことは、痛恨の極みだ。

昭和十六年二月、もはや属僚的な戦争推進機関と化した議会で、治安維持法が改定されたのは、当然の時勢だったということだろうか。

従来の「国体ノ変革」に加え、「国体ノ否定」も処罰対象となり、七条だった大正十四年の制定時の条文は、違反事項を細目に記した六十五条からなる長文にあらためられた。治安当局が国体を否定していると認定した結社、かような結社の設立を企図した活動、さらには、反体制的とみなされた個人の言動までが、思想犯罪と認定された。

宗教団体が治安維持法違反の対象に加えられたのは昭和十一年以降だが、これも治安当局の主観から、戦時下の人心を惑乱させる「類似宗教」とみなされた団体への法の拡大適用だった。

十六年の法改定後の教会は、「国体ノ否定」の嫌疑から、恒常的に当局の厳しい監視下に置かれた。何しろ、当局より国体を承認していないとみなされた教会の指導者は、「無期又ハ四年以上ノ懲役」という重刑に処されてしまう。その教会の信者も「国体ノ否定」に加担したとして、「目的遂行ノ為ニスル行為ヲ為シタル者」という、目的遂行罪を適用され、「一年以上ノ有期懲役」となる。

戦時下の教会は、信仰の最後の一線を守るために、自発的に礼拝堂に日の丸を掲揚し、礼拝時に皇居遥拝を行うなど、国体を積極的に「承認」している姿勢を示したが、教会の最大限の迎合にも、治安当局は容赦がなかった。

戦時下最大の弾圧に晒されたのは、メソジスト派のホーリネス教会という宗派だった。この宗派は、昭和十八年四月に、内務省から治安維持法違反による結社禁止処分を受け、文部省からも不逞思想の温床と断定され、設立認可の取消処分を受けた。終戦までに検挙、投獄されたこの宗派の牧師は百三十四名にのぼった。

「舞鶴市街図」に載る、当時この場所にあった「天主公教會」の牧師や信者たちは、戦時中の過酷な弾圧下をどのように生きたのだろう。

「舞鶴カトリック教会の歩み」の説明文には、戦時下のことは触れておらず、次のことが書かれていた。

明治維新後の一八七一年に、パリ宣教会の神父は、かつて田辺藩主の京極氏がキリシタン大名だったことから、信者の発見を期待して舞鶴地方をめぐった。長崎の浦上天主堂のような隠れキリシタンの系譜の人々には出会えなかったが、後に宮津、舞鶴の民家に建てられた教会を拠点に信仰は広まり、今日につづく舞鶴キリスト教の基盤は築かれた。

禁制の時代を、隠れキリシタンたちが命懸けで守り、今日の世まで送り届けたものが、日本人のキリスト教カトリック信仰だ。

舞鶴カトリック教会と舞鶴修道院が、今もこの場所に存在するという事実は、近世より遙かに時が下った昭和の時代に、再び吹き荒れた弾圧下で、天主公教會を守り抜いた信者たちがいたことを物語っているのではないだろうか。

かつての隠れキリシタンと同じ心持ちで、この場所から祈りつづけた人々がいたのだと思う。

私は、このようなキリスト教信者たちこそ、国体の真の開顕者であり、守護者なのだと、声を大にしていいたい。

雨空に聳える十字架を仰ぎ見ながら、以前に読んだ、津島佑子氏の『ジャッカ・ドフニ　海の記憶の物語』という小説を思い返した。

キリシタン禁令下の十七世紀の日本で、幼いキリスト教信者の兄妹が、海を越えて信仰を守り抜く物語と、現代を生きる一人のシングルマザーの心象が時空を超えて結ばれる、素敵な物語のことを。

西舞鶴散歩最終譚（さいしゅうたん）

教会の前の通りを西へ、国道二十七号線を渡った。

雨は蕭蕭（しょうしょう）と降りしきっていた。朝から歩き通しの体をどこかで休めたかった。

〈HIRANOYA STREET〉の遊園地風のアーチの手前に、赤い庇に喫茶と書かれた店があったが、入口に定休日の札が下がっていた。

時刻は三時をまわっていた。ホテルで朝食をとって以来、何も口にしていなかったが、重たいものは欲していない。今夜はまた東舞鶴に泊まる。夜は居酒屋で土地の食を堪能したい。今はコーヒーでひと息つければいい。

二つ目の辻を左に折れ、「マナイ通り」の看板のある通りへ。

「ふれあいの街　サンモールマナイ」と書かれたアーケード街の入口の手前に喫茶店があった。こちらは営業中だった。

扉を開くと、こぢんまりとしたスナック風の店内のカウンター席に、年配の男女のお客さんがいた。二人と向かいあっていた女性が、いらっしゃいませ、と私に後方の四人掛けの席を示した。椅子に座ると安堵の息が漏れた。座ったのは何時間ぶりだろう。

テレビの高校野球中継が流れる店内で、『舞廠造機部の昭和史』を読みながら、アイスコーヒーを二杯飲んだ。三十分ほど寛いで店を出ると、雨は上がっていた。

空が仄かに明るい。夕陽を眺められるかもしれない。

濡れた傘を手に、マナイ通りのアーケードの手前を右に曲がった。

道は、高野川に架かる橋を挟み、百メートルほど先の山麓までまっすぐに延びていた。目の前の橋は「舞鶴市街図」の同じ地点に記載のある「八幡橋」かと思いきや、腰ほどの高さの親柱に「新大橋」と彫られていた。左右の親柱の手前の小さな祠に、鮮やかな赤い花が活けられていた。

橋の中腹から二十メートルほど北隣に架かる橋を眺めた。銅製の欄干に光沢を放つ擬宝珠が見える。午前中に橋の上でおじいさんからお話を伺った「大はし」だ。

「舞鶴市街図」には、「大はし」と「八幡橋」の間に、橋の図柄だけが描かれた名称のない橋がある。この無名の橋は、密集する対岸の人家に向かって架けられており、橋上の道は山麓までは通じていない。山麓まで道がつづいている古地図上の橋は、この無名の橋の南隣に架かる「八幡橋」だけなのだけれど、いつかの時代に名称が「新大橋」に変わったのだろうか。

「新大橋」を渡り、山裾の社寺へつづく一本道を行った。歩道端に「手づくり郷土賞　国土交通大臣　扇千景書」と刻まれた石碑があった。

辿りついたのは、古地図上の同じ地点に載る「桂林寺」ではなく、「笑原（やはら）神社」だった。この神社は「舞鶴市街図」に記載がない。

前の細道を南へ。「舞鶴市街図」のこの通りには「朝代遊郭」と記されている。沿道に連なる家は、みな現代的なつくりの一軒家だが、この界隈はかつて花街だったのだ。昭和八年当時は、もうじき日が暮れるこのくらいの時間から、今は通行人もまばらなこの通りを、華やかな女性たちが大勢行き交っていたのかもしれない。

ほどなく、愛宕山の斜面に豪壮と社殿を連ねる「曹洞宗　桂林寺」があらわれた。

この寺は『舞鶴市史』にその名が登場する。日露開戦から間もない明治三十七年二月二十一日に、「敵国降伏皇軍大勝利祈祷会」なる厳めしい名称の住民の決起集会が、ここ桂林寺でひらかれている。門前脇の側溝を迸（ほとばし）る山水の音を聞きながら、重畳と連なる漆黒の社殿群にしばし見入った。

南へもう少し行くと、「舞鶴市街図」に載る「朝代神社」があった。

鬱蒼とした深緑を背に、前後に二つの鳥居が並んでいる。山門の脇に「朝代神社の指定文化財」という説明板がある。市指定文化財として、江戸時代元文四（一七三九）年建造の「神社本殿」、無形民俗文化財として「吉原の太刀振」と書かれている。

神社の前の道を東へ、住宅地の隘路を縫うように行くと、石柱の囲いの中に錯雑と樹々の繁る一帯があった。繁みのなかに、赤い小さな社と鳥居がある。密教系とおぼしい妖しげなこの社は、「舞鶴市街図」にも「まちなか散策マップ」にも載っていない。

社をすぎてほどなく、「新大橋」の架かる通りに斜めに交差した。橋を渡り、マナイ通りを右へ、「サンモールマナイ」のアーケード街を行く。

「まちなか散策マップ」によれば、このアーケード街は西舞鶴駅前へ通じている。時刻はもう五時をまわっていた。このまま駅へ向かおう。

途中の酒屋で、アサヒスーパードライの五〇〇ml缶を買い、店頭でひと息に半分ほど飲み干した。雨が上がった後はいくらか湿度が増した気がしたが、今日は陽射しに晒されなかった分、昨日ほど汗をかいていない。それでも半日歩き通した体に、冷えたビールは心地よく染みわたった。

三百メートルほどの長いアーケードを抜けると、駅へ直進する道と国道二十七号線の交差点にぶつかった。

右手に、昨夜訪れた武家屋敷風の外観の居酒屋が見える。店内は、壁で仕切られた幾つもの個室の間を狭い通路がめぐる、忍者屋敷のようなユニークな造りだった。一畳ほどの小さな一室に通され、どこからか聞こえる団体客の笑い声を聞きながら、万願寺獅子唐や川魚の郷土料理に舌鼓をうった。

居酒屋の前をすぎ、交差点を越え、駅前のロータリーへ。

何となくこのまま去るのが惜しくなり、昨夜泊まったホテルの横の駐輪場の縁石に腰を下ろし、ロータリーの中心に立つ、十メートルほどの高さの火の見櫓を眺めた。

西舞鶴には、江戸時代の創建とおぼしき古家があちこちに残されていた。格調高い家々の造形美と古の城下町の雰囲気を、存分に楽しむことができた。「大はし」の対岸の中世のコの字型跡の広場や、通りがかりのおじいさんから伺ったお話も印象深い。

時刻表を見ると、次の東舞鶴行きの列車の時間までまだ余裕があった。もう少しここで休んでから、「みどりの窓口」へ行き、明日の帰りの鉄道の切符を買おう。

往路は、東京から北陸新幹線で金沢を経由し、日本海側から舞鶴へやってきた。復路は、内陸を在来線で京都まで行き、東海道新幹線に乗ろう。

暮れ始めた空を仰いだ。

夕陽は、望めなかった。

東舞鶴ふたたび　八月十五日

「新舞鶴市街図」に載っている北の外れの浮島公園は、今は存在しなかった。跡地に立つ体育館と運動場が、降りしきる雨に白く煙っていた。

昭和十一年七月十二日、舞鶴海軍工作部の工廠への昇格祝いが、軍民を挙げて盛大に行われた。仮装した職工たちと芸妓の花屋台は、中舞鶴の練兵場を出発し、国旗や提灯を振る沿道の住民に見送られながら、舞鶴の市街地から山間の道芝街道を行進し、新舞鶴まで練り歩いた。宴の終着地となったのが、浮島公園だった。

『舞廠造機部の昭和史』に、祝賀行進の踏破距離は二十キロと書かれていた。三舞鶴の市街図と「測量図」の他に持参したもう一枚の地図、昭和九年版「要塞地帯區域」で大体の距離を測ってみると、それくらいはあった。

今ほど交通機関が充実していなかった当時は、歩くことは当たり前の移動手段だったのだろうけれど、あの時代の日本人の健脚にはほんとうに驚かされる。でも、そのこと以上に、工廠への昇格は、職工と舞鶴の住民にとって、二十キロの距離を疲れも厭わずに歩かせてしまうほどの慶事だったことを、祝賀行進のエピソードは物語っている。

「新舞鶴市街図」には、浮島公園の南側に、社のマークがぽつんと付されている。この神社は今も存在するのだろうか。

運動場のすぐ南に、樹々の繁茂する小高い丘陵がある。脇の小道をその方へ行くと、麓に鳥居が設えられていた。その下から石段が丘の上部に向かって螺旋状に延びている。

鳥居の脇に「正二位　八幡嶋満神社」と題された説明板があった。それによると、かつてこの小高い丘は湾に接した岬だったようだ。この界隈の浮島という旧称は、この岬が潮の干満によって浮き沈みしたことに由来する、と書かれている。北からの渡り船に交ざって、たびたび「妖族」がこの地に侵入したことから、港の安寧を祈願してこの神社は築かれたらしい。「妖族」とは海賊のことだろうか。昭和十四年に海軍が小山一帯を接収した際に、神社は他所へ移転したが、昭和三十五年に再びこの地に建立された、とある。

傘を差しながら、雨でぬめる石段を登った。小山の外縁を巻くように延びる石段は、二十メートルほどで樹木の生い茂る頂に達した。

雨露の滴りだけが耳を掠める暗鬱とした空間に、三メートル四方ほどの社が立っていた。草叢の隅から、社に拝礼した。旅の最終日を無事に迎えられたことを、岬の神に感謝した。

港の方角に向き直り、もう一度手をあわせる。

今日は、八月十五日なのだから。

石段を降り、今来た細道を伝って、海岸通りに出た。通りを西へ、昨夜泊まったホテルの前をすぎ、「新舞鶴市街図」に記載のない、昭和八年の時点では架けられていなかった「満潮橋」という橋を渡る。

今朝、ホテルで朝食をとった後、朝食会場近くの土産物売り場を覗いたら、土産物の中に「舞鶴鎮守府艦名道路地図」という、往年の新舞鶴市街図のポスターがあった。カラーの市街図の縁周りを、街の通りの名称になっている軍艦のモノクロ写真が囲むデザインだった。

ポスターのメインの地図に、「大正六年十一月二十日印刷」という文字があった。私の手もちのものよりも、十六年も前に作製された地図だ。学校や白糸濱神社、海軍関連の施設が図解入りで詳細に記されている。この地図の原板は今もどこかに保存されているのだろうか。国会図書館に所蔵のないことはたしかだから、存在するのならばとても貴重なものだ。

売店の女性にポスターを指差し、これ、いただけますか、と聞くと、女性は、ちょっとお待ちくださいね、と奥の別室に入っていった。戻ってきた女性は、それは今品切れで、見本の一点しかないんです、と申し訳なさそうにいい、ホテルの並びを少し西に行った舞鶴商工観光センターで同じものを購入できると教えてくれた。

舞鶴商工観光センターは、消防署の少し先にあった。

受付の女性に用件を告げると、女性はエントランスに出てきて、玄関正面の長テーブルの下からビニールにくるまれたポスターをとり出した。広げて見せてくれたそれは、ホテルの売店で見た「舞鶴鎮守府艦名道路地図」だった。

左手で傘を差し、雨に濡れないよう、ポスターの入った紙袋を右手で抱えもつようにして、霧雨の吹きつける海岸通りを西に歩いた。

一昨日の夕暮れ、清しい海風の靡(なび)いていた港のテラスに、人影はなかった。高波のうねる湾の東側に、白靄をまとい尽くした半島が幻のように浮かびあがっている。

あの半島には、七十二年前の敗戦時に、海外からの引揚者が降り立った桟橋と、引揚の事績を伝える記念館がある。峠には、陸軍の砲台も残されている。

一度の旅で、見たい場所をめぐり尽くせることはまずないけれど、今度の舞鶴の旅は忘れ物が多すぎる。あの半島も然り、西舞鶴では、石原莞爾のゆかりの場所ももっと訪れたかった。

後ろ髪を引かれながらも、この港を眺めることができただけで、満たされている自分もいる。

明治三十八年六月、舞鶴の港には、日本海海戦に勝利し、凱旋した連合艦隊の雄姿に、人々の盛大な歓呼の声が谺(こだま)した。

四十年後、同じ港に、失われた海外領土から命懸けの帰還を果たした、何万という日本人のやつれ果てた姿があった。

舞鶴の港は、帝国日本の黎明と落日を見届けた港だった。

すて身の望郷

昭和二十年八月十五日、外交的に正しくは、ミズーリ艦上で日本側全権がアメリカ代表団の降伏文書に調印した九月二日、日本は三年八ヶ月に及んだ大東亜戦争に敗戦した。

連合国の降伏要求文書であるポツダム宣言の第八条には、――日本の主権は本州、北海道、九州、四国及びわれわれの決定する周辺の小諸島に限定するものとする――とあり、これによって日本は、日清戦争以降に獲得したすべての海外領土を失った。

この国の歴史上、最大規模の対外戦争となった大東亜戦争は、東はハワイ、マーシャル諸島、西は東南アジア大陸部、島嶼部、北はアリューシャン列島、南はソロモン諸島までを戦場とした。

敗戦時、これらの戦場と占領地、旧日本領の朝鮮半島、台湾、中国の租界、満洲には、約六百六十一万人の日本人がいた。陸軍の軍人・軍属三百八万人、海軍の軍人・軍属四十五万人、民間人三百八万人だった。

ポツダム宣言の第九条には、日本の軍人・軍属の本土帰還が定められており、ポツダム宣言に規定のなかった民間人についても、当該地域の軍政の妨げになるとして、日本への早期帰還が追って連合国間で決定された。

海外からの六百六十一万人もの日本人の即時帰還は、世界史上でも類例のない大規模な人口移動であり、戦後の日本政府の一大事業となった。

政府は二十年九月二十八日、舞鶴、浦賀、呉、下関、博多、佐世保、鹿児島、横浜、仙崎、門司を引揚港に指定し、十月七日、朝鮮・釜山から最初の引揚船「雲仙丸」が、陸軍軍人二千百人を乗せて舞鶴西港に入港した。以降、函館、大竹、宇品、田辺、唐津、別府、名古屋、戸畑を指定港に加え、各港に地方引揚援護局、援護局出張所を設置し、引揚業務は本格化した。

引揚は膨大な船舶を必要としたことから、全国の旧海軍港は、港内の艦船や病院船を再整備し、海外の指定港に送った。旧舞鶴海軍工廠も、港内の病院船「氷川丸」を整備し、引揚船にあてた。アメリカは、輸送船、戦車揚陸艦、病院船など、百九十一隻の船舶を日本政府に貸与した。

引揚は、概ね災禍なく進捗したが、ソ連の軍管区（日本人の降伏相手先）内にいた邦人だけは例外だった。

朝鮮半島は、三十八度線を境界に、北はソ連、南はアメリカの軍管区となった。終戦時の北鮮には二十七〜八万人、南鮮には四十五万人の日本人がいた。南鮮に進駐した米軍は、朝鮮人の日本人への迫害を目の当たりにし、治安上の理由から民間人の早期送還に着手したが、ソ連は北鮮内の邦人の安否を一切顧慮せず、送還にも無関心だった。

ソ連は二十年八月九日、日ソ中立条約を破棄し、満洲と朝鮮北東部に侵攻した。終戦時の満洲には約百五十万人の邦人がいたが、ソ連軍は関東軍を武装解除した後に、日本人への略奪、殺戮、強姦など、凌辱のかぎりを尽くした。

満ソ国境付近には、日本から集団移住した八百八十一の開拓団、約二十七万人が居住していた。ソ連軍の侵攻後、多くの村落で開拓団民の集団自決が起こった。

日本人は逃避中もソ連兵や中国人匪賊に襲撃され、浮浪者同然の難民と化した。体力のない老人は満洲の広野に行き倒れ、子供を守れないと悟った親は、幼児を率先して中国人に売った。男子は五百円、女子は三百円が相場だったという。一家心中も後を絶たなかった。男親は包丁や農具で妻と親、子を殺めた後に、自らも命を絶った。逃避中にソ連軍の戦車部隊に発見され、開拓団民すべてが戦車部隊に轢き殺されるという「葛根廟事件」も起こった。開拓民の行方不明者を含む死亡者は、約七万五千人といわれている。

北鮮の咸鏡南道に在住していた日本人は、満洲からの避難民約七万人とともに、北鮮各地に避難した。誰もが着の身着のまま、もてるだけの家財道具を手にしての逃避だった。ソ連兵に発見されることを恐れた母親は、泣きやまない赤ん坊を山中に置き去りにし、女性は凌辱から逃れるために、顔に靴墨を塗り、頭を丸刈りにした。

ソ連軍は八月二十五日、三十八度線を封鎖し、日本人を北鮮内に拘禁した。約十二万人の陸海軍人を武装解除すると、日本へは送還せずに、シベリアなどのソ連領内に連行した。軍人以外にも、警察官、朝鮮総督府の役人、十八歳から四十歳の一般男性三千余人を拉致し、荒廃した祖国復興のための労働力として、ソ連領内に送致した。

ソ連軍は、設備の整っていた学校や役場などの公共施設を軍政の拠点とし、日本人を長屋などの粗雑な建物にすし詰めに収容し、移動を禁じた。ソ連兵の性暴力は収容後もつづいた。元娼婦の女性たちは、私設の慰安所を作り、率先してソ連兵の慰み者になった。劣悪な環境の収容所では、チフスやコレラが蔓延し、死者が続出した。

邦人の惨状を伝え聞いた外務省は、スウェーデン公使を通じて日本人の保護をソ連政府に要請したが、ソ連政府は、敗戦国日本との交渉は成立しない旨を返答しただけだった。二十年八月から翌年春までの北鮮内の日本人の死亡者は、約二万五千人といわれている。

餓死や病死に至る前に、多くの人が自力で三十八度線の突破をめざした。厳寒の山中を野宿しながら二百キロ余りを歩いた人、朝鮮人の闇船に乗船し、海上から南下した人もいた。ソ連軍は、感染症の発症元となっていた日本人の越境を黙認したが、南下の途中にソ連兵や朝鮮人保安隊に発見された日本人は、金品を強奪され、射殺されることもあった。南鮮への逃避行の最中にも、食糧と引き換えに子供を朝鮮人に譲り渡す人、身内の高齢者をやむなく山中に放置する人がいた。

日本人の凄惨な境遇に同情し、逃避を手助けしたソ連兵や朝鮮人もいた。食糧を分け与え、三十八度線付近まで走る鉄道への乗車を手引きするなど、この人々の助力によって、多くの日本人が南鮮に辿りつくことができた。

昭和二十一年十二月十九日、米ソ間で「ソ連地区引揚に関する米ソ協定」が締結され、ソ連は北鮮からの日本人の引揚にようやく着手した。だがこの時、北鮮に残されていた日本人は八千人にすぎなかった。すでに三十万を超える人が、自力で南鮮に脱出していた。

ソ連領内からの日本人の送還は容易に進捗しなかった。すでに米ソの冷戦は始まり、世界は東西に二分されていた。抑留された五十数万人の日本人は、共産主義の鉄のカーテンの奥に秘匿されてしまった。

引揚港に指定されたナホトカ港の凍結により、二十三年十二月より半年間、送還は中断した。二十五年四月には、ソ連政府が「ソ連地域の送還完了」を一方的に宣言し、引揚は二年も中断する。日本政府のアメリカを介した交渉により、二十八年十二月から再開された。

ソ連領内に抑留された日本人は、労働の傍ら、徹底した共産主義の洗脳を受けた。帰還後の日本で共産主義の普及に努めることを誓約した人々もおり、この人々は、下船した舞鶴の港で「天皇島上陸」を叫び、日本革命の熱烈なアジ演説を行った。共産主義の洗脳から自らを覚醒させるためか、日の丸の鉢巻きを締め、愛国を高唱しながら帰還する人々もいた。

抑留者の間では、西側陣営に属した戦後の日本では、ソ連からの帰還者は排斥されるという風評が流布し、送還に応じない人もいたが、二十八年以降、帰還者は増加した。それにともない、国内の引揚港も順次閉鎖された。二十五年に函館と佐世保の援護局が閉局し、舞鶴港だけが残った。

昭和三十一年、日本とソ連の国交が回復する。日ソ共同宣言には「ソ連領内の全邦人の送還」が約されていた。三十三年九月七日、旧南樺太の真岡より、四百七十二人を乗せた最終引揚船「白山丸」が舞鶴西港に入港し、ここに政府業務としての引揚は終了した。

昭和二十年九月二十八日に引揚港に指定されて以来、十月七日の釜山からの陸軍軍人二千百人の復員を皮切りに、十三年間にわたり、軍人・軍属、民間人、あわせて六十六万二千九百八十二人、遺骨一万六千二百六十九柱が、三百四十六隻の船舶で舞鶴の港に帰還した。

昭和三十三年十一月十五日、舞鶴地方引揚援護局が閉局し、舞鶴の港は、最後まで残された引揚港の使命を終えた。

戦後、ソ連領内に強制連行された日本人の総数、死者数などは、未だに全容が明らかになっていない。

厚生労働省は二〇一七年現在も調査をつづけており、直近に判明した概数をホームページ上で公表している。厚労省のＨＰの「シベリア抑留中死亡者に関する資料の調査について」には、次のようにあった。

ソ連地域に抑留された者　約五十七万五千人（うちモンゴル約一万四千人）
現在まで帰還した者　約四十七万三千人（うちモンゴル約一万二千人）
死亡と認められる者　約五万五千人（うちモンゴル約二千人）
病弱のため入ソ後旧満洲・北朝鮮に送られた者　約四万七千人

括弧内の「うちモンゴル〜〜人」とは、当時、ソ連の衛星国だった外モンゴル（現モンゴル国）にも日本人が連行されたことを表している。ＨＰには、平成三年にソ連から三万七千人分の抑留中死亡者名簿の提供があり、ソ連崩壊後はロシア政府から漸次名簿の提供を受けているとあった。現在までに提供された死亡者名簿の総数は、四万一千人分だという。厚労省が独自の調査で概算した「死亡と認められる者　約五万五千人」には、「うちモンゴル約二千人」を除き、まだ一万二千人分の情報が不足していることになる。また、四万一千人のうち、九千人が厚労省の手元の個人データと一致しないという。ロシア国立軍事古文書館には、約七十万枚の日本人抑留者のカード（個人情報）があり、厚労省は今後、ロシア側から提供されたカードの写しのデータを元に、合計二万一千人の未特定死亡者の照合にとりかかるという。

モンゴル政府からも、平成三年に約千六百人の死亡者名簿の提供があり、約千四百人分が手元のデータと一致したという。だがこちらも約六百人分の情報が不足していることになる。ＨＰには、死亡が確認された抑留者の情報は、その都度遺族に報告しているとあった。

私が気になったのは、ＨＰの本文上では何も触れられていない、「病弱のため入ソ後旧満洲・北朝鮮に送られた者　約四万七千人」という一文だ。

ソ連領内に連行されながら、身体の不調から使役に耐えられないと判断され、満洲や北鮮に逆送された人々、ということだろう。四万七千という人数は、抑留者の総数から帰還者と死亡者の総数を引いた人数にそのまま当てはまる。

逆送された人の中には、その後、引揚船に乗船し、帰国した人もいただろう。だがその人々は「帰還した者　約四十七万三千人」に含まれているはずだ。

日本の敗戦後の満洲は、すぐに国共内戦の戦場となった。北鮮でも、ソ連の影響下に発足した朝鮮軍が、一九五〇年に三十八度線を越えて南に進軍し、朝鮮戦争が始まった。

「病弱のため入ソ後旧満洲・北朝鮮に送られた者　約四万七千人」とは、縁故者もいない戦乱の地に、衰えた身一つで遺棄され、その後の消息がようとして知れない人々、ということではないのか。そのような日本人が、四万七千人もいる。この人たちはその後、どうなってしまったのだろう。

HPを見ながら、手をあわせたい思いだけが込み上げた。

なぜソ連は、中立条約を破り、日本に宣戦布告をし、五十数万の日本人をソ連領内に連行したのだろう。

一つには、日露戦争の復讐があげられる。スターリンは九月二日の対日戦勝演説で、日露戦争は、日本が極東のソ連領を強奪した侵略戦争であり、南サハリン（南樺太）とクリル諸島（千島列島）の再領有は、日本の侵略からソ連を守るための自衛措置だと語った。

一九四五年二月に、米英ソの三首脳が締結したヤルタ協定の密約も関係している。

三国の首脳はこの協定で、敗戦後のドイツに賠償金を課さない代わりに、ドイツ人捕虜を労働力として使役する「現物賠償」をとり決めている。ソ連はこれを、ドイツの同盟国である日本の捕虜にも適用できると解釈したのだろうか。

日本の分割統治をアメリカに拒否されたことも一因だったといわれている。ソ連はヤルタ秘密協定で、ドイツ降伏後の対日参戦を約し、南サハリンとクリル諸島の再領有を米英に承認させたが、八月十六日に、留萌――小樽以北の北海道の北半分の占領をさらにアメリカに要求し、拒絶されている。

ソ連兵が、在留邦人に常軌を逸した凶行に及んだのはなぜなのだろう。

満洲や北鮮に進駐したソ連の先遣部隊は、懲罰部隊という非正規部隊だった。懲罰部隊は、死刑囚と政治犯、対ドイツ戦で敵の捕虜となった兵士で編成されていた。元捕虜の兵士は、ドイツのスパイの嫌疑をかけられ、罪人と同様に扱われていた。懲罰兵はいかなる理由があっても前線から撤退すれば、後方に控える将校にただちに射殺される境遇にあった。逆に敵陣を突破すれば、あらゆる蛮行を働くことが許されていた。

対ドイツ戦でも最前線に投入された、きわめつけの無秩序集団の進駐が、満洲と北鮮を地獄絵にした。ソ連軍管区内の邦人の証言によれば、第二陣以降に進駐したソ連軍の正規兵は、驚くほど紳士的だったという。

ソ連の懲罰部隊は、ドイツ戦末期のベルリン侵攻の際にも、女性の五十％を凌辱したといわれているが、ソ連軍の蛮行は、戦後の国際社会で糾弾されることなく今日に至っている。

第二次大戦は、敗戦国の日本とドイツの道徳的断罪に収斂した。国際社会は現在も戦勝国の戦争犯罪には無関心で、日本のそれは折に触れて外交問題化する。

国際政治はパワーゲームの世界だ。世界秩序は戦勝国が主宰するものであり、歴史も短期的には戦勝国の戦勝史観が公式化する。日本は外交の一種である戦争に敗北したことを認め、その上で交戦国と講和を結び、国際社会に復帰したのだから、戦後の国際社会には、歴史認識において著しく不利な環境があることは、受け入れなければならない。

私たち日本人は、歴史を政治の具とするような、外交力学上の論脈から距離を置き、実証的で公正な視座から、戦時中のあらゆる事象を真摯に見つめるべきなのだと思う。先人のなした誤りを率直に認めることは、日本人の高い民度を国際社会に示すことになる。

十二月八日を想う

同時に私には、父祖の日本人の赤裸々な心情を、追想したいという思いがある。戦後の世界を生きる私たちは、戦争そのものを巨悪とみなしている。この観念を一旦脇に置いて考えてみたい。

戦争は人を殺す行為だ。だからこそ、およそ悪をなそうと思ってできることではないのではないか。

大東亜戦争の開戦を迎えた時、大多数の日本人は、アメリカとの戦争を肯定した。この感情は、同じ日本人である後世の私たちにしか想像することはできない。

文学者の高村光太郎は、昭和十六年十二月八日の海軍の真珠湾攻撃の報をラジオで耳にし、刹那におぼえた震えるような高揚を、一編の詩にしたためた。

十二月八日

記憶せよ、十二月八日。
この日世界の歴史あらたまる。

アングロ・サクソンの主權、
この日東亞の陸と海とに否定さる。
否定するものは彼等のジャパン、
眇たる東海の國にして
また神の國なる日本（にっぽん）なり。
そを治（しろ）しめしたまふ明津御神（あきつみかみ）なり。
世界の富を壟斷するもの、
强豪米英一族の力、
われらの國に於て否定さる。
われらの否定は義による。
東亞を東亞にかへせといふのみ。
彼等の搾取に隣邦ことごとく痩せたり。
われらまさに其の爪牙を摧かんとす。
われら自ら力を養ひてひとたび起つ、
老若男女みな兵なり。
大敵非をさとるに至るまでわれらは戰ふ。
世界の歴史を兩斷する
十二月八日を記憶せよ。

——昭和十六年十二月十日——

（『詩集　大いなる日に』高村光太郎　道統社　昭和十七年）

国民はアメリカとの戦争を、白色人種本位の世界の積弊を、日本が打破するための戦いと受けとった。高村の詩には、その壮大な歴史的局面に際会した義憤感情が高い純度で内包されている。同じ日に公布された「対米英宣戦の詔書」には、「東亜永遠の平和の確立」の字句はあるが、「東亜の解放」は謳われていない。強調されているのは日本の「自存自衛」であり、そのためにやむなく米英に戦端を開くという主旨だ。

開戦後、石原莞爾の講演会の会場は、どこも立錐の余地のない数の聴衆で埋まった。多くの国民が、政府が明言しない、もっと国民の琴線に触れる大東亜戦争のたしかな大義を、石原の唱える「東亜の一体」に求めたからではないか。

高村の詩からは、大東亜戦争をアジアの解放戦争とみなす意識がまっすぐに伝わってくる。国民は、戦争目的を観念的に理解していた。

大東亜戦争には、軍事的な優劣を超えた、ふさわしい戦い方があった。その戦い方を、日本人がなし得るか否かが、すべてだった。

帝の祈り

国体について語りたい。

国体は、この国の遠い過去に淵源をもち、今日まで連綿と継承されてきた、自然秩序、慣習、礼法、世界観、信仰などの、有形無形の価値の集積から成り立っている。

その集積を表す別の表現に、神道がある。

文字通り、神の道の謂いである神道から、国体を解き明かしてみたい。

春夏秋冬という四季に、梅雨の時季もある日本の風土は、太古の時代に、神道という自然崇拝の信仰を生んだ。森羅万象に神の宿りをみる、八百万（やおよろず）の神々の信仰だ。

自然の法則を尊ぶ神道は、稲作との関わりが深いとされる。稲作は自然の理法に則り、春に稲を植え、秋に米として収穫する。だが、米を実らせるためには、田圃の雑草をとり除くという、自然の摂理に背く行為も行う。

神道は、自然との交わりのなかで、自然を活かし、自らも活かすための、人為を発見することに本質がある。

日本人にとっての神は、西洋の唯一の造物主を指すＧＯＤとは違う。「神々」という表現があるように、日本の神は多種多様な形で万物に臨在する。人間に恵みも災いももたらすものとされ、古の日本人は、感謝と畏怖という相反する念をもって神々に接してきた。

神々はやがて、自然物だけでなく、箒や草履、着物など、生活に欠かせない身のまわりの品々や、人々の暮らす土地そのものにも宿るとされた。神道は、地域の氏神や祖先崇拝とも結びついていった。

素朴な民族信仰である神道は、体系化された理論をもたない。六世紀の仏教と儒教の渡来後に、神仏、神儒習合による様々な教義化がなされたが、神道は今日、そのような難解な教説として私たちに伝わってはいない。

神道は、私たちの日々の暮らしや慣習のなかに、息づいている。

私たちは、年の始めに神社に初詣に行く。入学祈願や必勝祈願など、折々の節目にも様々な願いごとを携えて神社を訪れる。参拝の前に、手水舎で手と口を濯ぐのは、心身を清める神道の儀式だ。

日本人は生活のなかで、清浄を重んじる神道の思想を、日々実践している。

私たちは毎日のように入浴をする。温泉と銭湯は日本の伝統的な大衆文化だ。衣服は毎日着替え、洗濯と整理整頓を励行する。仕事道具はよく手入れをし、年末には職場や家の大掃除をする。清潔をことさらに意識する日本人の国民性は、世界的にも稀なものだ。

日本人が日常的に行う会釈も、神様に接する際の振る舞いから来ている。建設工事の現場には神主さんを招いて地鎮祭を行い、私たちの主食はいつの時代も、米だ。

神道に起源をもつ諸々の慣習は、私たちがそのことを意識しないほどに、私たちの生活に溶けこんでいる。

全国の神社は毎年、古代の律令制時代に定められた大祭、中祭、小祭を執り行っている。大祭の中心をなす例祭は各神社に特有の祭儀だが、五穀豊穣を祈る春の祈年祭、収穫を感謝する秋の新嘗祭（にいなめさい）は、すべての神社に共通の祭祀だ。

神社の本殿に鎮まる神は、祭礼の時、神輿に乗って町にお出ましになる。神と住民がともに地域の繁栄を祈る、私たちの好きな、おまつりだ。神社の本懐は、人と神の交わりである、まつりを主宰することにある。

そして、日本という国家全体の繁栄と国民の平和を祈念する、壮大な神社ともいうべきものが、皇居だ。

お祈りくださっているのは、天皇陛下だ。

皇居内の宮中三殿、賢所、皇霊殿、神殿には、皇室の祖神の天照大御神、歴代の皇霊、天地神祇八百万神が祀られている。

天皇皇后両陛下は、元旦の四方拝から大晦日の大祓まで、年間に二十数度の宮中祭祀を、すべて古式の神道の形式に則り、宮中三殿で挙行なさっている。

陛下は、春に皇居内の水田に植えられた稲を、秋に御自ら御収穫なさる。十一月の新嘗祭には、神嘉殿の神坐にお招きした天照大御神の御霊に、その年の米を新穀としてお供えになり、御自らも召し上がられる。

天皇が即位して最初に行われる新嘗祭は、一代に一度の大嘗祭（だいじょうさい）といわれ、陛下が皇霊と御酒も御一緒になられる、最も古い宮中祭祀とされる。

陛下は、年間の主要な祭儀の他にも、毎月一日、十一日、二十一日の旬祭に、皇族の方々とともに、国家の安泰と五穀豊穣、国民の幸福を祈られている。賢所には毎朝、侍従が御代拝し、陛下はこの間、侍従の復命があるまで宮中でお慎みになられている。

この国には日々、日本中の神社から、地域とその土地に暮らす人々の繁栄が祈られている。皇居からは、国家と国民の幸せを願う天皇陛下の祈りが欲している。そして私たちも、神々とともにある暮らしを素朴に体現して、毎日の生活を送っている。

神道は、紀元前五世紀以降の、水田稲作の本格化した弥生時代に形成されたといわれる。弥生以前のこの国の前史には、一万有余年の縄文時代がある。森林の生態系に依拠し、狩猟採集を生業とした縄文人の信仰は、森林や山、獣などを対象とした精霊崇拝（アニミズム）とされ、農耕文明の生んだ神道とは区別されるが、縄文人の信仰と神道の間には明らかな連続性がある。

神道の象徴である社殿と鳥居からなる神社は、律令体制の整い始めた七世紀後半から、仏教建築とともに盛んに築かれた。「鎮守の森」という言葉があるように、多くの神社が、森に囲われるように造営された。神社のなかには、木を御神木に、山そのものを御神山とするものもある。「万葉集」には、神社、社の語を「もり」と読む和歌がある。

神道は、縄文という前時代の森の神概念をより豊沃にさせたものなのだと、私は考えている。縄文と弥生、どちらの時代も、集落の長は、祭祀を司る宗教的カリスマだったということも共通している。

縄文遺跡の特定の人物の墓には、翡翠や琥珀を加工した腕輪や耳飾りなどの祭祀器具が納められている。弥生時代の長らしき人物の墳丘墓にも、銅鐸などの多彩な祭祀器具が副葬されている。

この国の集落の長は、古代より、祭祀を主宰する霊力に満ちた存在だった。

耕作地に灌漑設備を施す稲作は人手を要するため、弥生時代は人間の集団化が進み、人心に土地の所有という観念が生まれた。各村落は、耕作地の収穫率の違いから富の格差が生じ、支配域をめぐる争いが起こった。争いの果てに村々は統合され、長に代わり、王が生まれた。やがて各地の王も束ねられ、大王であるスメラミコト（天皇）が誕生した。天皇はここに、日本という国土全体の祭祀王となった。

稲の実りを約束するものは、水と太陽だ。一つしかない太陽を司る神が国土を統（す）べるという信仰は、最も篤いものとなった。神道は、農耕の象徴である太陽の神を、信仰の基礎に生成された。

古の人は、太陽の運行や自然の霊妙不可思議を、様々に言い表したのだろう。その昔語りは、文字のない幾星霜の時を、人の口から口へ伝わり、国家意識の高まった八世紀に、成文としてまとめられた。

神々の希（こいねが）い

七一二年に集成された「古事記」は、古来の大和言葉（話し言葉）を、音仮名の漢字で表記し、伝承をありのままに記録する意図があったといわれる。

七二〇年に成立した「日本書紀」は、和歌以外の全文が漢語からなり、いわば当時の国際語で書かれた。「日本書紀」は、歴代の天皇の系譜と事績を中華王朝に披歴することを目的に編纂された、日本の公的な歴史書とされる。

二書はともに、日本の国土を創成した伊弉諾尊（いざなぎのみこと）、伊弉冉尊（いざなみのみこと）の夫婦神と、多彩な神々の逸話から書き起こしている。夫婦神の御子である天照大御神が、肇国（ちょうこく）（国を始める）をなさり、やがて御孫の瓊瓊杵尊（ににぎのみこと）を地界（日本）へ降臨させ、神々の歴史から人間の歴史へ移行していく様子が描かれている。

日本書紀の「孝徳紀大化三年」の項に、「惟神（かんながら）は神道に随ふ」という記述がある。

惟神とは、神の御意、神慮のことだ。「随ふ」は、「したがう」と読むが、「随」は訓読みでは「まま」、「まにま」と読む。よって「随ふ」は、「従う」という強い語義ではなく、「そのまま」というニュアンスになる。

神道とは、皇祖の神慮そのままの道、ということだ。

天照大御神の神慮によってこの国が始まって以来、今日まで連綿と私たちの生活を貫いている道が、神道だ。

では、天照大御神が肇国をなさるに当たって下された、神慮とは何だろう。

それは大御神が、地界の日本に天孫を降臨させた際の神勅に表れている。

「記紀」によれば、光の女神の天照大御神は、高天原（天界）にて、六合（天地・世界・宇宙）を遍く照らしながら、伊弉諾と伊弉冉の二柱が修理固成された、豊葦原の瑞穂の国（地界・日本）に瓊瓊杵尊を降臨させ、「天壌無窮の神勅」を下賜された。

豊葦原の千五百秋の瑞穂の国は、是れ吾が子孫の王たるべき地（国）なり。宜しく爾皇孫就きて治せ。さきくませあまつひつぎの隆えまさむこと、当に天壌（天地）と窮りなかるべし。

（『國體の本義』文部省刊　昭和十二年）

（訳）みずみずしく稲穂の実るこの良い国は、わが子孫が永く君となって治める国である。汝、皇孫、行って治めよ。つつがなく行けよ。皇位の栄えることは、天地とともに限りなく続いて、極まる時はないであろう。豊葦原瑞穂国は、わが子孫の君たるべき地なり。汝皇孫行って治めよ。豊作になることを天壌とともにとどまることなく栄えよ。

（『禁書『国体の本義』を読み解く　日本国家の神髄』佐藤優　産経新聞出版　平成二十一年）

高天原では、神々が稲作をなさる。天照大御神は、斎庭（天）の稲穂を瓊瓊杵尊に授け、皇孫の治めるこの国は、天とともに稲穂が豊かに実る「豊葦原の瑞穂の国」でありつづけることを御祈念された。

天壌無窮とは、天と地、ともに窮まりない、永遠という意味だ。

日本という国は、光の女神のこの大御心から始まった。

だが、瓊瓊杵尊の降った国土は、国津神というまつろわぬ賊の盤踞する地だった。「記紀」は、紀元前（皇紀）七年に、瓊瓊杵尊の御孫の若御毛沼命（わかみけぬのみこと）が、筑紫の日向の国から東征に発ち、六年をかけて賊を平定したと記す。

若御毛沼命は、紀元前二年三月より、大八州の中心の大和橿原に皇居の造営を始め、紀元元年一月一日に、橿原宮で初代天皇に即位した。神武天皇だ。

紀元元年は、今から二千六百七十七年前であり、一月一日は太陽暦では二月十一日とされる。今日の「建国記念の日」だ。

神武天皇は、紀元四年、鳥見山に霊時（まつりのにわ）を立て、皇祖天神を祀る天皇御一代の神事を執り行った。今日も行われている、新天皇即位後の最初の大嘗祭だ。

神武天皇は、橿原に都を定めるに当たり、「神武創業の詔勅」を下された。

我東に征きしよりここに六年なり。皇天の威を頼りて　凶徒就戮さえき。邊の土いまだ清まらず餘の妖尚梗しといへども、中洲の地に復風塵無し。誠に皇都を恢廓めて、大壮を規りつくるべし。今運此の屯蒙に屬ひ、民（おほみたから）の心朴素なり。巣に棲み穴に住む、習俗惟常となれり。夫大人の制を立つるは、義必時に随ふ。

苟も民に利きことあらば、何ぞ聖の造に違はむ。且山林を披き拂ひ　宮室を經營りて恭みて實位に臨みて元元（おほみたから）を鎭むべし。上は乾靈の國を授け給ひし德に答へ、下は皇孫の正しきを養ひ給ひし心を弘めむ。然して後に六合を兼ねて都を開き、八紘を推ひて宇と爲さむこと、亦可からずや。夫の畝傍山の東南の橿原の地を觀れば　蓋し國の墺區か。治（し）らすべし（文中の片仮名は平仮名にあらためた）。

（『肇國物語　神武天皇の御東征』久留島武彦　日向書房　昭和十八年）

（訳）日向の國を出て東征の旅にのぼつてから、ここに六年である。天ツ神の御威徳のお蔭をかふむつて、惡ものどもを平らげることができた。田舎の方は未だ鎮ったとは言へない。殘つてゐる惡ものの中にも、まだ強いのが居る。しかし中央の地に騒ぎが無くなつた。そこで帝都を雄大し、宮殿を建設すべきである。

今、時世は未開で民の心はすなほである。木の上の巣に棲んだり、地を掘つて穴に住む者もあるやうな習慣を常としている。尊い偉い聖人が制度をたてるときは、その道理はかならず時のいきほひにしたがふものである。民にとつて便宜なことがあるならば、このやうな聖人賢人の業に、ちがはないやうになすべきである。ここに山や林をひらき宮殿を造つて、嚴かに帝位につき人民ををさめるべきである。かうすることが、上は天神が國をお授けになった、ありがたいおぼしめしに御答へ申し上げ、下は天孫が、正しい道をお養ひになつた御心を、ひろめるわけになるのだと思ふのである。

かうして後に、天地四方をあはせて都を開き八方を掩うて、一つの家のやうにすることもよいことではないか。あの畝傍山の東南の橿原の地を見れば、國土の中央と思はれる。ここにおいて天下を統治すべきである。

（『肇國物語　神武天皇の御東征』）

日本の国体は、天照大御神の「天壤無窮の神勅」と、神武天皇の「神武創業の詔勅」に集約されている。

「天壌無窮の神勅」は、私たち日本人が生命を維持する上で最も大切な、食（米）に恵まれることへの御祈念だ。大御神は何よりもまず、私たちの実存を慮られた。

米は、人間が自然との交わりのなかで、ふさわしい人為をともなって初めて実らせることができる。米作りには、自然との正しい関わり方を発見し、人間自身を養い、人々が共同で丹精を込めて生産に従事する、今日にも息づく「物づくり」の精神がある。

命の尊さ、自然との共生、人間性の養い、他者との和、和に基づく生産。「天壌無窮の神勅」には、これらすべてが込められている。

「神武創業の詔勅」には、――夫大人の制を立つるは、義必時に随ふ。苟も民に利きことあらば、何ぞ聖の造に違はむ――（尊い偉い聖人が制度をたてるときは、その道理は必ず時のいきほひにしたがふものである。民にとつて便宜なことがあるならば、このやうな聖人賢人の業に、ちがはないやうになすべきである）とある。

時世は移り変わっていく。新しい制度や体制が求められる時、それは「民にとって便宜なこと」、民の幸福に寄与する変革でなければならない、と神武帝は仰っている。

民のことを指す「元元」は、「おおみたから」と読む。

民を「大御宝」、宝物であると仰る神武帝の神慮には、民を本位とするデモクラシー、民とともに国土を治める「君民共治」の思想がある。

私たち日本人一人一人は、陛下とともにこの国を営む一個の主体なのだ。陛下は遠い彼方に御存在するのではなく、いつも私たちのお隣にいらっしゃる。

「神武」とは、若御毛沼命が崩御された後に、尊に送られた諡号（しごう）だ。

「神武」には、平和のための戦い、という意味がある。

神武天皇の御東征の場合にも武が用ゐられた。併し、この武は決して武そのもののためではなく、和のための武であつて、所謂神武である。我が武の精神は、殺人を目的とせずして活人を眼目としてゐる。（中略）ここに我が国の武の精神がある。戦争は、この意味に於て、決して他を破壊し、圧倒し、征服するためのものではなく、道に則とつて創造の働をなし、大和即ち平和を現ぜんがためのものでなければならぬ。

（『國體の本義』）

この国のかつての国号は「大和」だった。

古代の日本人は集落のことを「わ」と呼んだ。漢字に表せば「和」、「輪」、「環」となる。また、巨大集落やクニのことを「やまと」と呼んだ。七〇一年の大宝律令の制定以降に、集落の統合された大きな「わ」としての「大和」が国号となり、この「大和」に「やまと」の読みがあてられた。

後に中華王朝への対抗意識から、太陽に近い東に位置する国という意味の「日本」という国号が国内外に広まったが、「和」という伝統的な価値観を直截に反映した国号は、「大和」（やまと）の方だった。

日本の「和」は、次のような性格を有している。

各々その特性をもち、互に相違しながら、而もその特性即ち分を通じてよく本質を現じ、以て一如の世界に和するのである。即ち我が國の和は、各自その特質を発揮し、葛藤と切磋琢磨とを通じてよく一に帰するところの大和である。

（『國體の本義』）

人間は個別的な生き物だ。互いの個性を磨きあう「和」の作用によって、平和で活気溢れる社会という「大和」に帰する。

日本の「和」は、矛盾しあうものが互いに活かされ、高い段階で統一をみる、ドイツ語のアウフヘーベン（止揚）と同義といえる。

アウフヘーベンは、議論の本質でもある。自らの意見で他を論駁しようとするのは、議論ではなく討論だ。議論とは、異なる意見を肯定的に聞きあい、互いの思考を弁証法的に発展させ、新しい知的領域をひらく共同作業のことだ。

「和」は、議会政治の要諦そのものといえる。議員たちは、異なる意見を主張し、互いの意見を研鑽しあい、国家国民の発展に寄与する高い段階での統一、「大和」の政策決定をめがける。

日本の「和」は、議会政治ときわめて親和的であり、異論を排斥する全体主義は最も対極のものといえる。

異種を排すのではなく、包摂する「和」の力によって、日本はかつてはインドと中国の文明を、明治以降は西洋文明を闊達に受容し、これらをこの国の土着の精神と「大和」させてきた。

「和」の力は、共感の次元でも発揮される。私たちが毎年の恒例行事として、ハロウィンやクリスマスを楽しんでいるのは、それらのロジカルな思想的背景への理解からではなく、ハロウィンやクリスマスの醸す情趣が、私たちの心の琴線に触れるからだ。私たちにも継承されている「和」は、文字通り「和やか」な感応の力でもある。

「神武」の戦いによってめがけられた「大和」は、「八紘を推ひて宇と為さむ」、天地四方を一つの家のように覆うことによって、成就する。

「天壌無窮の神勅」には、——宜しく爾皇孫就きて治（しら）せ——と、「しらせ」という語がある。「神武創業の詔勅」にも、――かの畝傍山の東南の橿原の地を観れば、蓋し國の墺區か。治らすべし――と、「しらす」とある。伊弉諾尊と伊弉冉尊の夫婦神も、大八洲（日本列島）を天照大御神に託すに当たり、――汝が天地の間でこの大八洲を治せ――と、やはり「しらせ」と詔されている。

統治を意味する古代の日本語には、「しらす」と「うしはく」の二つがあった。

「古事記」の「出雲の国譲り」の段に、天照大御神の、――汝（大国主命、出雲国の支配者）がうしはける葦原中国は、わが御子（天照大御神の皇孫）のしらさむ国と言よさし給へり――とある。「うしはく」は、君主が土地人民を私有財産とみなす、強権的な支配をいう。「しらす」は、君主が私欲のためではなく、民心を汲み、民の幸福のために行う統治をいう。

この国の統治における皇祖の御意は、帝が民を「元元」（宝物）と思い、民の幸福を願うゆえの「治す」なのだ。

大日本帝国憲法の第一条には、――大日本帝国ハ万世一系ノ天皇之ヲ統治ス――とある。これは、伊藤博文や井上毅らの作成した草案では、――日本ハ万世一系ノ天皇ノ治ス所ナリ――となっていた。漢語表現で統一するために「治ス」は「統治ス」に改められたが、原文が「治ス」であったという逸話は、この憲法の制定理念をよく表している。

明治天皇は、明治九年に発布した「国憲起草の詔」で、「我建國ノ體ニ基」づいて憲法を制定するよう、御示しになられた。

大日本帝国憲法は、日本と同じ君主国のプロイセン憲法を参考にしてつくられたが、伊藤ら制定者の念頭には、「国体」の憲法への反映が強く意識されていた。

国民を、宝物、治す、と宣べられる天皇に、私たち国民はどのように向きあうべきなのか。

この国の帝と民の関係は、ユダヤ・キリスト教における、神と人との「契約」や、断食や聖地礼拝などの儀礼を必須とする、イスラム教のアッラーの神への絶対帰依とも違う。

神道は、皇祖の神慮そのままの道だ。私たちは、神道に彩られた慣習的生活を自然に送ることで、日々、心の安寧を得て、皇祖の神慮の恩寵を賜っている。

初詣も、地元のおまつりも、端午の節句も、七夕も、七五三も、ハロウィンやクリスマスも、みな皇祖の神慮の道の上で、私たちがあるがままに出会ったものだ。

私たちはこの道を、お隣でともに歩まれている天皇陛下に感謝するだけでいい。天皇陛下と私たちの関係は、ともに歩むという、素朴な寄り添いのうちに成り立っている。

日本の肇国は、天照大御神の「天壌無窮の神勅」によってなった。

大切なことは、肇国は一度かぎりのことではないということだ。

神武帝は、国土がまつろわぬ国津神に壟断されていた時、東征を遂げることで、新たに皇威を輝かせた。「神武創業の詔勅」は、肇国の理想の地界における回復であり、二度目の肇国というべきものだった。


「肇国」は「クニヲハジム」とよむけれども国の創始といふだけに限らない。国家が隆になり、皇威が新たにかがやいた御世にはいつでも「ハツクニシラススメラミコト」と申し奉るのである。

（『國體の本義解説叢書　肇國の精神』教學局編纂　昭和十四年）


言い換えれば、肇国は、国家が危機に瀕した時、何度でもくりかえされるということだ。

大東亜戦争の戦時下で、文芸評論家の保田與重郎は、軍の指揮官も一兵も銃後の国民も、等しく「肇国の大精神」にひらかれ、事依(ことよ)さし（天皇の詔）に仕え奉らねばならない、といった。

石原莞爾も東亜連盟運動において、日本人が発露すべきは「肇国の大精神」であると、くりかえし語った。

大東亜戦争の唯一の戦い方は、肇国の理想を、アジア規模で回復することだ。

天照大御神の、日本人の生命と実存への御祈念である「天壌無窮の神勅」の対象を、全アジア人に拡大する。

「神武創業の詔勅」にある、元元（おおみたから）を、全アジア人とする。

西洋植民地軍という「まつろわぬ賊」を撃つための日本軍の東南アジア進攻は、「殺人を目的とせず活人を眼目とする」、神武の戦いだ。

アジアの人々を西洋の支配下より解放し、各々の特性の発揮である「和」へ誘い、アジアに「大和」を創出する。

> かかる我が國の和の精神が世界に擴充せられ、夫々の民族・国家が各々その分を守り、その特性を発揮する時、眞の世界の平和とその進歩發展とが實現せられる。
>
> （『國體の本義』）

日本人による東南アジア各地の時限的な戦場行政は、捕虜となった西洋人の待遇も含め、すべて「治（しら）す」統治だ。

では、アジアの人々はこの時、日本人と同じように、天皇に仕え奉らねばならないのだろうか。

天皇と日本国民の関係は、主従ではなく、素朴な寄り添いのうちにある。アジアの人々が天皇とどう向きあうかは、彼らにとっての、自ずからあるがまま、に委ねればいい。

何よりも日本人は、アジアの人々を自らの特性の発揮である「和」へ誘うことで、彼ら自身の神をとり戻させ、抱かしめることをこそ、促さなければいけない。

その彼らの神とは、「記紀」神話が豊穣と示唆する、森羅万象に宿る神の一つなのであり、日本人は「記紀」の神話世界を行くがごとく、未知なる神々との出会いを祝福するために、東南アジアへ向かう。

「日本書紀」は天照大御神を、――此の子光華明彩しくして六合の内に照徹らせり――（訳）このみこと、光うるわしくして、全宇宙を照り輝かせる）と記す。六合とは、全宇宙、宏大無辺という意味だ。

神武帝の詔にある、――八紘を推ひて宇と為さむ――の八紘も、天地四方、八方という、かぎりない広大を意味している。

「肇国の理想」は、日本の国土を越えた範囲で発現しうることを、「記紀」は明瞭に教唆している。「記紀」の編纂者たちは、後世の日本人が未曽有の国難に遭遇した時、それを打開する何よりの導きとなるように、この昔語りを綴ったとしか、私には思われない。

日本は、アジアの国々を、瑞々しい生命力に満ちた始源（肇国）の状態へ回帰させるために、アメリカ、イギリス、オランダに宣戦布告する。

昭和天皇の大東亜戦争開戦の詔勅は、「アジア全土の肇国の理想の回復」。これ以外にない。

肇国(ちょうこく)の精神が討つもの

「アジア全土の肇国の理想の回復」を真正の戦争目的に、大東亜戦争の全軍事作戦を構想することは、現実的にもきわめて有効だ。

まず、同じアジアの国である、中国との戦争を継続する理由がなくなる。

日本政府は、国民党政府に一方的に終戦を宣言し、中国大陸からただちに兵を引く。中国の半独立状態の解消への協力を表明し、日清戦争以降に獲得したすべての権益（台湾については住民の意思を尊重した上）を返還する。あわせて、荒廃した国土の復興支援と、中国の赤化防止のための軍事援助を申し入れれば、対日戦後に毛沢東の共産党軍との内戦を控えていた蔣介石は、講和に応じたのではないか。

日本軍は局地戦の勝利をどれだけ重ねても、敵の主力に大陸の奥地に撤退され、国力の消耗だけを強いられていた。日本は名分を立てながら、絶対に勝つことのできない支那事変を終結させることができる。

大東亜戦争は、海軍機動部隊の真珠湾攻撃で戦端が開かれたと語られることが多いが、時系列では、山下奉文(ともゆき)中将指揮下の陸軍第二十五軍が、真珠湾攻撃の一時間二十分前に、イギリス領マライ半島のコタバルでイギリス軍と戦闘状態に入っている。

二十五軍は、イギリスのアジア最大の拠点・シンガポールの攻略をめがけ、九十回ものイギリス軍との局地戦をすべて退け、六十日余りでマライ半島を踏破し、シンガポールを二週間で陥落させた。

十二月十日に生起したマレー沖海戦では、海軍の第二十二航空戦隊が、イギリス東洋艦隊の新鋭戦艦「プリンス・オブ・ウェールズ」と巡洋艦「レパルス」を撃沈した。航空機が戦艦を沈めるという、海戦史上初の快挙だった。

飯田祥二郎中将指揮下の第十五軍は、開戦とともにタイに進駐した。十五軍には、鈴木敬司大佐の率いるビルマ独立義勇軍（ＢＩＡ）三百人も加わっていた。十五軍は一月上旬にビルマに進撃を開始し、三月に首都ラングーンを制圧すると、五月にはイギリス軍を駆逐し、ビルマ全土を占領した。

ビルマ独立義勇軍は、十六年六月に、援蔣ルート（国民党政府への援助物資の輸送路）の遮断と、イギリスの植民地のビルマを攪乱することを目的に、三十人のビルマ人有志をメンバーに迎えて創設された。司令官の鈴木は、ビルマ名・ボ・モージョを名乗り、高級参謀のアウンサンは、面田紋次という日本名を名乗っていた。独立義勇軍の存在意義は大きく、進軍の途中にビルマ人の入隊志願者は激増し、三百人だった進発時の兵員は、ビルマ占領時には五千人に達していた。

本間雅晴中将指揮下の第十四軍は、十二月二十二日より、アメリカ領フィリピンのルソン島に上陸した。一月二日にマニラを無血占領すると、撤退するアメリカ陸軍をバターン半島とコレヒドール島要塞まで追撃した。四月十一日にバターンのアメリカ軍司令部を、五月十日には、コレヒドール要塞のアメリカ軍を降伏させた。

今村均中将指揮下の第十六軍は、油田地帯を確保するため、オランダ領・インドネシアに進軍した。一月十一日にタラカン島に上陸し、十三日にオランダ守備軍を降伏させると、二十四日にはバリクパパンに上陸し、翌日に占領した。この間、海軍の落下傘部隊はセレベス島に降下し、オランダ軍の飛行場を制圧した。陸軍空挺部隊は、二月十四日からスマトラ島最大の油田地帯パレンバンに奇襲降下し、ほぼ無血で油田地帯を確保した。

三月一日、兵力五万五千の十六軍は、オランダ総督府のあるジャワ島に上陸し、イギリス、オランダ連合軍八万を九日間で撃退し、ジャワ島を占領した。

日本軍は開戦から約半年間で、東南アジア全域に展開していた、イギリス、アメリカ、オランダ軍を撃破し、太平洋からインド洋にわたる制海空権を掌握した。ここまでは現実に推移した戦局であり、まさに快進撃だった。

日本は、戦争の継続に必要な石油などの戦略物資の譲渡のみを条件に、フィリピン、インドネシア、ビルマ、マライ半島の即時独立を承認し、これを世界に公表する。

宗主国との交易が絶たれることで生じるこれらの国の経済的損失は、日本側の財政負担による公共事業と、本土を含む日本の属領内との交易の推進によって最小限にとどめる。何よりも、日本が各国の独立新政府の全面支援に徹すれば、経済的損失を補ってあまりある信頼を得られるだろう。

東南アジア各国に、迅速に国軍を編成し、選りすぐりの精鋭部隊を、国境を越えた「アジア独立軍」として再編成する。日本軍はこれに中核部隊として加わる。

東南アジア作戦を終えた日本軍の次の戦略志向方面は、東のミッドウェー海域でも、南のソロモン諸島でも、北のアリューシャン列島でもない。西のインド方面だ。

アジア独立軍は、イギリスの植民地のインドに進軍し、インドの独立機運を高めた後に、「全有色人種の解放とアフリカへの長駆遠征」を宣言する。ここに「肇国の理想の回復」の対象範囲を、アジアからアフリカに拡大する。

アフリカ遠征の実現可能性の如何は、問題ではない。西洋諸国に寸土の土地まで植民地分割されたアフリカの解放宣言は、現状世界を変革するシンボリックな意味をもつ。世界中の有色人種に絶大な訴求力があるだろう。

海軍はハワイを奇襲攻撃する必要などなく、日本本土と東南アジアのシーレーンの防衛に徹する。アメリカ空母機動部隊と大規模な海戦が勃発しても、この時点では敵航空機よりも航続力と戦闘力に優れる「零戦」が、互角以上の空戦を展開する。アメリカの艦隊群には、敵の戦艦より長射程の主砲を擁する戦艦「大和」のアウトレンジの砲撃が威力を発揮する。日本海軍が艦隊決戦を制する可能性は高い。

政治的には、ナチスドイツとの同盟の解消を宣言する。

ドイツとの同盟は、アメリカから攻撃を受けた場合の相互支援を約し、一九四〇年九月に結ばれた。一九三六年に締結された、ソ連を牽制するための日独防共協定が軍事同盟に発展したものだ。ドイツはそのソ連と三九年八月に不可侵条約を結び、四一年六月には一転して戦争を開始した。独ソ不可侵条約の締結は、ソ連との単独交渉を禁じた防共協定違反であり、対ソ開戦も同盟国の日本に何の通告もなかった。

ドイツは日本の国益を一顧だにしない暴挙を一貫して働いており、ドイツとの国際信義などとうに失われていた。日本が故意に非難を控えていた、ユダヤ人の迫害にも明白に異を唱えなければいけない。

そのドイツの傀儡政権であるヴィシー政権の統治するフランス領インドシナも、日本軍が占領し、即時独立を宣言する。ヴィシー政権の要人は日本軍の軟禁下に置くか、ドイツに強制送還すればいい。

日本は、開戦直前にアメリカから手交されたハル・ノートの「中国大陸からの撤退」、「三国同盟の解消」という要求を、自国の大義に変換して満たすことになる。

アメリカとイギリスは一九四一年八月、対ドイツ、日本を念頭とした「大西洋憲章」に合意し、ファシズム陣営に対する民主主義陣営の結束を呼びかけた。

東南アジア諸国の独立宣言は、彼の国々の熱烈な「民意」以外の何ものでもない。

アジア独立軍が、全有色人種の解放を宣言したならば、国内に根強い人種差別問題を抱えるアメリカ、イギリスは、国論が分裂し、戦時体制の継続が困難になるだろう。日本との早期講和を模索せざるをえなくなったのではないか。

大東亜戦争を「アジア全土の肇国の理想の回復」を戦争目的に戦うことは、「大西洋憲章」を凌ぐ日本の大義を世界に普及する。

それは同時に、明治以降の近代日本の清算を、日本人自身にも迫ることになる。

満洲国の日本の内面指導権を撤廃し、協和会を新たな代表政府として承認する。あわせて満洲国の国籍法を整備する。

協和会を中心とする行政機構を発足させ、各協和会支部の代表者からなる議会を開設する。関東軍司令官の行政監督権を剥奪し、関東軍には特殊的地位を与えた上で、駐留期限を設け、満洲国の国防に専念させる。在満日本人は、三年以内などの条件をつけ、満洲国籍を取得し、正式に満洲国人となる。不本意な者は、資産を手放し、日本に帰国するしかない。日系官吏も、国籍を取得する意志のない者は、期限を設けて満洲国人官吏に業務の引継を行い、期限の終了とともに帰国する。

満洲国から東部内蒙古を分離し、この版図での内モンゴルの独立を承認する。

モンゴルは十七世紀半ばに清朝に帰順し、清はゴビ砂漠以南を内藩、以北を外藩と区別して統治した。この南北の行政区分が近代に入り、モンゴルを内と外に隔てた。ソ連の影響下で赤化した外モンゴルは、一九二四年にモンゴル人民共和国となった。南の内モンゴルは、日露戦争後に日本の勢力圏となった東部が満洲国に編入され、西部には一九三九年にモンゴル連合自治政府が発足した。

戦前の日本には、アジア中の若者が留学生として来日していたが、陸軍士官学校で軍事と近代的な高等教育を学んでいた者のなかには、内モンゴル出身の者もいた。将来の独立と内外モンゴルの統一を夢見ていたこの若者に、モンゴル新独立国家の建設を託す。西部の連合自治政府との合流についても、中国の承認を得るべく、日本政府が両者の交渉を仲介する。

朝鮮半島の独立も当然のことであり、委任統治領の南洋群島、沖縄の独立にも言及しなければいけない。アイヌによる北海道、他の北方少数民族による北方島嶼部の高度な自治も承認する。

大東亜戦争を「アジア全土の肇国の理想の回復」を戦争目的に戦う時、日本人は、大日本帝国を自ら解体するという、究極の逆説をなすことになる。

このことを肯わずして、何が日本人か。

大東亜戦争は、アメリカ、イギリスへの軍事的勝利などという、矮小なことを目的とはしていない。

近代を、討つ。

近代という時代そのものを打破し、人類史上に新たな時代を招来するための戦いが、大東亜戦争でなければならなかった。

近代の肖像

脱近代という新世界の態様を想像する前に、現実の大東亜戦争はいかに戦われたかを顧みたい。

陸軍は昭和十六年十一月二十日、対米開戦を見据え「南方占領地行政実施要領」を策定した。それによると、陸軍の東南アジア進攻は、支那事変を継続しながら対英米戦争を耐久するための、石油などの資源の確保と安定供給を最大の目的としていた。加えて、英米仏の「援蔣ルート」の遮断と、華僑（中国系労働移民）による国民党への資金提供の根絶があった。

インドネシアが現在の国土の全域をオランダに支配されたのは、一八三〇年以降だが、インドネシアは今日、十七世紀初頭に、オランダが香辛料の産地であるモルッカ諸島を属領化して以降の三百年ないし三百五十年を、オランダによる被支配の歴史としている。

オランダは、インドネシア人を労働力としかみなさず、徹底した愚民政策を布き、住民の大半に教育を施さなかった。三人以上のインドネシア人が路上で立ち話をすることも禁じるなど、住民の行動の自由を制限していた。

インドネシア人にとって、三世紀に及ぶ被支配の時間は、オランダ人への屈服をもはや自然状態とさせていた。そのオランダによる支配を、日本軍は進攻から三ヶ月で終焉させた。身体の小さな日本兵が巨躯のオランダ兵を敗走させる姿は、インドネシアの人々に衝撃を与えた。日本軍はインドネシア各地で、万雷の拍手とともに迎え入れられている。

ビルマ、マライ半島、シンガポール（シンガポールではマレー人とインド人から）でも、進軍当初の日本軍は、白人支配からの解放者として惜しみない支援を受けた。

日本軍は西洋宗主国の軍隊を駆逐した後に、インドネシアでは、スカルノやハッタなど、独立運動の指導者を牢獄から解放したが、日本軍が彼らに求めたのは、軍政（占領地行政）への協力だった。

日本の軍政組織は、進駐軍を中心に、各官庁の官僚と資源開発を委託された民間の企業人からなる、出向役場のごときものだった。アジア全域で行われた日本の軍政の最大の特徴は、陸軍の憲兵隊による厳格な治安維持だった。

憲兵隊は、原住民の一挙手一投足を監視し、スパイの嫌疑から監禁、拷問することもあり、殺害に及んだケースもあった。軍政の教育機関による日本語の普及、原住民を新たな「皇国臣民」とするための皇民化教育もすべての軍政下で行われた。

最上級司令部の南方軍は、東南アジアを戦争資源の策源地として連結するために、各地に航空基地と鉄道を建設した。これらの建設に、東南アジア全域から十万人とも三十万人ともいわれる労務者を徴用し、劣悪な環境の下で過酷な労働を強いた。タイ―ビルマ間の四百十五キロを繋ぐ泰緬鉄道の建設では、過労や栄養失調、伝染病などにより、十万人前後の労務者が死亡したとされる。作業に従事させられた連合国の捕虜の死者も、約一万人にのぼった。

日本軍による大規模な住民虐殺は、シンガポールとフィリピンで起こっている。

イギリスが東南アジア最大の貿易港として開発したマライ半島南端のシンガポールは、総人口七十七万人のうち、六十万人が華僑だった。華僑は、国民党に抗日戦のための資金を提供し、援蔣ルートの物資輸送も担っていたことから、日本軍はシンガポールを反日勢力の温床とみなし、華僑を徹底して弾圧した。

「親イギリス的なもの」、「共産主義者」、「秘密結社の構成員」と認定したものを、ことごとく処刑したとされるが、正確な殺害人数は今日では不明とされる。戦後の日本側の調査では五千人以上とされ、シンガポール側は四万人以上と公表している。

華僑虐殺を主導したとされる二十五軍参謀の辻政信中佐は、ある部隊に、処罰対象者を何人選別したかを問い、七十人と返答されたのに対し、――なにをぐずぐずしているんだ、もっと能率よくやらんか、俺はシンガポールの人口を半分に減らそうと思っているんだ――（『蔣介石の密使　辻政信』渡辺望　祥伝社新書二〇一三）といったという。

独立後の初代シンガポール首相となったリー・クアンユーは、――日本人は我々に対しても征服者として君臨し、イギリスよりも残忍で常軌を逸し、悪意に満ちていることを示した――（『アジアの人々が見た太平洋戦争』小神野真弘　彩図社二〇一八）と語っている。

アメリカ統治下のフィリピンは、他の東南アジア地域とは異質な状況にあった。

フィリピン人は、アメリカ人と同様の物資に恵まれた消費生活を送っており、有能な人材には立身出世の道もひらかれていた。何よりも、一九三四年にアメリカ議会で成立した「フィリピン独立法」により、十年後の独立が決まっていた。

十四軍は、米軍の指令を受けたフィリピン人ゲリラの存在に悩まされた。抗日分子のとり締まりは、他の地域よりも過酷をきわめたといわれる。

日本は一九四三年十月に、人心掌握のためにフィリピンの独立を承認したが、米軍が翌年十月に反攻上陸を開始し、フィリピンの全島が激戦地と化すと、日本軍は一般人を些細な嫌疑でゲリラと認定し、見境なく殺害したといわれる。日本軍が処刑したフィリピン人の実数も今日では不明とされているが、一九四五年一月のマニラ市街戦の十万人の犠牲者を含め、日本軍の進攻後のフィリピン人の死者は百十一万人にのぼった。

米軍反攻後の日本軍は武器弾薬が欠乏しており、フィリピン人の死者の大半は、米軍の無差別爆撃によるものといわれているが、フィリピンの人々にとっては、日本軍がフィリピンに進攻さえしなければ、このような惨劇は起こらなかった。

ビルマでは、「ビルマ工作計画」に基づき、ビルマ人による臨時政府の発足が一度は決定した。南端の都市モールメンを行政拠点とすることが、独立義勇軍の鈴木敬司大佐から配下のビルマ兵に伝えられた。

だが、南方軍は一九四二年一月、独立方針をビルマ全土の占領計画に変更する。世界有数の米の生産地であるビルマを「帝国の食料給源」と位置づけ、ビルマ米を日本本土や食糧難のアジア各地に大量に輸出した。従来の米の通商を遮断された上に、労務者の徴用から米作の担い手も不足したビルマでは、十五軍の軍政が始まった翌年には、米の生産量が例年の半分に激減した。十五軍はその希少な米をことごとく収奪したことから、ビルマ北部では大規模な飢饉が発生し、餓死者は五万人以上にのぼったといわれる。

日本は一九四三年八月、民心の離反を防ぐためにビルマの独立を承認し、暫定憲法の「ビルマ国家基本法」を制定した。だが十五軍は、国家元首兼首相となったバ・モウと秘密協定を締結する。独立後のビルマ国内での日本軍の行動の自由、国軍と警察指揮権の移譲など、十五軍は軍政期と同様の権限を掌握したことから、ビルマの独立は有名無実化した。

ビルマの完全独立を訴えていた鈴木は、しだいに上級司令部より疎まれ、東京の近衛師団に異動を命じられ、ビルマを去った。

作物資源を収奪し、住民を餓死させ、独立の約束もたびたび反故にする日本人を、ビルマ人は信用しなくなった。大戦末期、ビルマ兵はイギリスの反攻に呼応し、日本軍に反旗を翻した。この時、ビルマ兵を率いたアウンサンは、私淑していた鈴木を追放した日本軍を撃つことに躊躇(ためら)いはなかった。

ビルマ独立義勇軍という、ビルマ兵と日本兵の混成部隊が最戦線で活躍したように、マレー半島とシンガポールでも、藤原岩市少佐を機関長とするF機関が、現地での信頼醸成をもとに様々な工作を成功させた。

一九四一年九月、Ｆ機関はタイのバンコクで、インド人の秘密結社「インド独立連盟」とインド独立の共闘を盟約した。藤原が、インドの独立支援を誠実に申し入れたことから実現した共同戦線だった。

インド独立連盟は、二十五軍の戦闘の合間に、イギリス軍に従軍するインド兵に投降を呼びかけ、イギリス軍の統制を混乱させた。Ｆ機関はシンガポール陥落後の四一年十二月、投降に応じたインド兵からなる「インド国民軍」を創設し、司令官に投降兵のモーハン・シンを任命した。敵の投降兵を友軍部隊に再編するという離れ業は、まさに藤原とインド人の信頼関係の賜物だった。

インド独立連盟はその後、日本在住のインド独立運動家・ビハリー・ボースを総裁とする新組織にあらためられ、インド国民軍はその指揮下に入った。インドへの早期進軍を訴えるモーハン・シンと、日本軍との連携を重視し、進軍に慎重姿勢をとるボースとの間には、しだいに確執が生じた。

日本軍は、大量のインド投降兵を監督する新たな機関として、構成員二十人ほどのＦ機関を解散し、岩畔豪雄大佐を指揮官とする岩畔機関を発足した。陸海軍人の他に外務官僚も加わった総勢二百五十人の岩畔機関は、中央の意向に忠実な出先機関として、主に投降兵の労務徴用を管掌した。

モーハン・シンは、進軍の意志を示さないボースを日本軍の傀儡と疑い、岩畔機関への反発を強めた。日本軍は一九四二年十二月、モーハン・シンをインド国民軍の指揮官から解任し、逮捕、投獄という措置をとった。

日本政府はインド独立連盟の再結束を図るため、ビハリー・ボースを更迭し、武力による反英独立闘争を提唱していたチャンドラ・ボースを新総裁に招聘した。チャンドラ・ボースはインドへの進軍を強硬に訴え、日本軍とインド国民軍の共同によるインド進攻作戦は、一九四四年三月に決行された。

後世から「史上最悪の作戦」といわれる、インパール作戦だった。

峻険な山道やジャングルを、補給もないまま長駆行軍した日本兵は、参戦者九万人のうち三万人以上が戦死し、大半が餓死と病死だった。インド国民軍も、六千人の参戦者のうち、戦死四百人、餓死、病死千五百人という大損害を出した。

チャンドラ・ボースは、インド進攻の機会は今をおいてないとして、作戦の続行を強く求めたが、日本軍はその後のイギリスの反攻戦で壊滅状態となった。インド国民軍の二万人の兵士も虜囚の身となり、インド本国に連行された。

日本は一九四三年八月にビルマ、十月にフィリピンの独立を承認したが、日本軍はフィリピンでも、物資の徴用や内政干渉を常態化し、独立を骨抜きにした。

シンガポールは占領後、独立どころか、昭南島と改名し、正式に日本領に編入している。インドネシアと英領マラヤも、四三年五月に「帝国の永久確保すべき地域」と決定したが、インドネシアは四四年九月に独立を承認した。

一九四五年八月十五日、日本は連合国に降伏したため、日本の主導によるインドネシア独立は白紙となったが、インドネシア独立準備委員会の首班に就任したスカルノは、八月十七日にインドネシア共和国の建国を宣言した。

連合国はインドネシアの独立を承認せず、イギリス軍を中心に武力干渉を行った。四六年十一月に連合国が撤退すると、翌年七月、入れ替わるようにしてオランダが再植民地化を図り、進攻した。

この時、インドネシアの人々は、昔日の被虐者ではなかった。オランダ軍を果敢に迎撃したインドネシア国防軍は、日本の軍政下で創設された郷土防衛軍を前身としていた。十六軍は降伏後に連合国に武装解除されたが、手段を尽くして自前の武器弾薬を国防軍に提供した。迎撃戦には十六軍の残留日本兵約千人も参戦している。

だが、戦闘は劣勢をきわめた。オランダ軍の空爆で各都市は荒廃し、インドネシア人の戦死者は十万人にのぼった。

敗戦必至の戦況を救ったのは、国際社会だった。オランダは世界中から激しい非難を浴び、アメリカからの経済援助も打ち切られると、ついに戦闘を停止し、インドネシアから撤退した。

スカルノは一九五〇年八月十五日、再度、インドネシア共和国の建国宣言を行った。

ビルマでは一九四五年三月、ビルマ国軍と結託したイギリス軍が日本軍を撃退した。イギリスは日本軍を武装解除した後に、ビルマ支配を再開したが、ビルマ人もまた、被支配を従容と受け入れるかつての劣位者ではなくなっていた。日本の軍政下で創設された総兵力三万のビルマ国軍は、洗練された近代的軍隊であり、何よりも高い民族意識にひらかれていた。内乱を懸念したイギリスは、ビルマ支配の継続を断念する。

一九四八年一月四日、ビルマ連邦共和国が建国し、ビルマは完全独立を果たした。

マラヤは、大戦後もイギリスの支配がつづいたが、独立機運の高まった一九五七年八月、マラヤの大部分の国がイギリス連邦の一国として独立した。一九六三年九月には、マラヤ、シンガポール、英領ボルネオからなるマレーシアが誕生する。一九六五年八月、華僑人口の多いシンガポールがマレーシアから分離し、独立を宣言した。

インパール作戦に従軍したインド国民軍の兵士たちは、日本の降伏とともにイギリスに投降し、イギリス女王への反逆罪の廉(かど)で軍事裁判にかけられた。

だがこの公開法廷を通じ、大戦中のインド国民軍の独立闘争の奮戦がインド国民に伝わると、インド国内に空前の反英感情が沸き起こった。都市の至るところで反英デモ行進が行われ、イギリスの行政機関は焼き討ちされた。イギリス領インド陸軍、海軍、空軍所属のインド人たちは、軍内で次々と反乱を起こした。

イギリスは再支配を不可能と悟り、一九四七年七月、議会で「インド独立法」を可決し、インドの独立を承認した。

一ヶ月後、イスラム教徒が多数を占めるインドの東部と西部が、パキスタン自治領として独立し、その他の地域はインド連邦として独立した。インド連邦は一九五〇年に共和制に移行し、現在のインド共和国となった。パキスタンは一九七一年に東西が分離し、東側がバングラデシュとなって今日に至っている。

戦後の日本で無謀な作戦として悪名高い「インパール作戦」は、インドでは「インパール戦争」と呼ばれ、インド国民軍と日本軍が共に戦った対英独立戦争と位置づけられている。激戦地となったインパール周辺の村々では、現地の人々の手で日本兵の慰霊塔が立てられ、「日本兵士を讃える歌」は現在も歌い継がれているという。

フィリピンは、一九四六年七月四日に独立を宣言したが、荒廃した国土の復興にはアメリカの援助を必要とし、戦後は統治下時代以上にアメリカへの依存が深まった。統治下時代の無関税・免税制度などのアメリカ国民と企業への優遇措置は延長され、アメリカ空軍と海軍に基地を無償提供する新たな軍事協定も締結された。

アメリカ統治下時代のフィリピンでは、一定の自由が与えられていたとはいえ、フィリピン人の誰もがその支配を従容と受け入れていたわけではなかった。

スペインに代わり、アメリカが支配に乗り出した一八九九年、エミリオ・アギナルド将軍の率いるフィリピン軍は、アメリカ軍を撃退するために米比戦争を戦った。この戦争でフィリピン軍の総司令官を務めたアルテミオ・リカルテは、アメリカの統治下となったフィリピンで、反米独立の闘士として地下活動をつづけた。アメリカの宥和的統治を欺瞞と断じ、国外追放や幽閉を幾度と経験した後に、一九一五年に日本に亡命した。

大東亜戦争が始まり、日本軍がフィリピンに進攻すると、リカルテは協力を表明し、日本軍と最後まで行動を共にした。米軍の反攻後も戦いをやめることなく、ルソン島の山中で戦死した。

日本の軍政下で多数の無辜（むこ）の国民を日本軍に殺害されたフィリピンは、戦後の東南アジア諸国のなかで最も反日感情が高まったといわれる。

戦後のフィリピンには、アメリカ人とフィリピン人の絆が日本軍国主義を打倒したとする、アメリカの歴史観が長く定着していた。だが二〇〇〇年代以降は、歴史教科書から戦時中の日本軍の蛮行の記述は大幅に削除され、日本の軍政時代を巨視的に捉え直すようになったという。

フィリピンも十七世紀以降、スペイン、アメリカに三世紀にわたって支配された歴史をもつ。そこに突如出現し、白人を打倒した日本人は、過酷な統治を行ったが、フィリピン人の意識に大きな化学変化をもたらしたとする新しい歴史認識が、二〇〇〇年代以降に広がりをみせている。

今日のフィリピンでは、一九四四年十月のフィリピン沖海戦から始まった日本軍の神風特攻を、祖国の防衛に殉じた英雄的行為として、国家を超えた見地から顕彰する人々もいる。だが、多くのフィリピンの人々にとって、肉親を日本軍に殺害された凄惨な事実は、民衆的記憶として世代を超えて語り継がれていることもたしかなことだ。

東南アジアの最前線に立った日本軍の将兵のなかには、「アジア解放」の大義にひらかれていた者が少なくなかった。

ビルマ独立義勇軍の鈴木大佐やF機関の藤原大佐のように、前線に派遣された将校が、現地の要人と皮膚的な交わりを通じて築いた信頼関係を、上級司令部の後出しの指令がことごとく破断し、最終的に現地人全般を抗日に傾倒させるという現象は、東南アジア各地の軍政下で見られた。

日本の軍政組織は、東南アジアを戦争遂行上の基地としかみなさず、そこに生きる人々の肉声を斟酌し、政策に反映させる柔軟性やダイナミズムとは無縁な、実務的で硬直化した近代官僚機構にすぎなかった。

くりかえすが、「アジア全土の肇国の理想の回復」を戦争目的に大東亜戦争を戦うことは、日本の大義を振起するだけでなく、泥沼の支那事変を引きずりながら、複数の欧米大国と軍事的に敵対したこの国を、亡国から救うきわめて有効な戦略でもあった。

日本が未曽有の国難に瀕しているという認識は、国策の決定に関わっていたすべての要人が共有していたはずだった。

国体の二文字は、朝野に溢れていた。日本軍の東南アジア進攻を、神武東征になぞらえた「八紘一宇」のスローガンも盛んに唱えられた。

だが、国体や八紘一宇の理想を、具体的な政戦両略に昇華し、大東亜戦争を構想した者は、軍人にも重臣にも皆無だった。

大東亜戦争は、明治以来の「脱亜入欧」、「富国強兵」、「文明開化」の推進上に築きあげた帝国を堅持し、強大化するための帝国主義戦争というのが主たる相貌だった。稼働していたのはどこまでも、近代国家の命題である、国益極大化の力学だった。

欧米に倣った後追い国家の日本は、愚直なまでに、近代国家の完成だけをめがけた。悲しいほど、近代に淫していた。

第二次世界大戦を、近代帝国主義戦争として戦ったのは、欧米諸国も同じだった。アメリカのルーズベルト大統領は、人類学者のアレス・ハードリチカの唱えた、日本人の頭蓋骨は白人よりも発達が二千年遅れている、という説を本気で信じていたといわれる。

日本の二百の都市への無差別爆撃と、広島、長崎への原爆投下は、日本人への人種的偏見が背景にあったことは否めないと思う。これらはもはや通常の戦闘の範疇を超えたジェノサイドであり、いかなる理由づけをなそうと、アメリカは規模において、ナチスのユダヤ人虐殺に匹敵する殺戮を、国家意思として日本人に行った。

日本とドイツはもちろんのこと、アメリカ、イギリス、オランダ、ソ連も、近代帝国主義戦争という覇権戦争を戦ったにすぎなかった。その意味において、彼らはほんとうに勝者だったといえるのだろうか。

さらなるふたつの愛

満洲国の建国理念の「王道」は、その伝播によって、国家を超えたアジア諸民族の紐帯（ちゅうたい）を志向するものだった。

戦後のアジアに、アジア諸国の独立は大東亜戦争がもたらしたとする自明性が成立したならば、各国の主権は保全されたまま、アジア全体を緩やかに包摂する形で、王道の伝播にも等しい、アジア人の心理的な連帯空間が創出されたのではないか。

日本が建設をめざしていた大東亜共栄圏とは、このような、アジア人の心理的連帯が成立した状態としてあるべきで、この状態としての大東亜共栄圏は、ラテン語のコミュニタスといい表せる。法的秩序の内側の共同体であるコミュニティーと異なり、コミュニタスとは、実社会の法的、制度的枠組みの外側で、ある理想が広範な人々によって発現されている状態のことをいう。

社会人類学者のV・W・ターナーは、著書『儀礼の過程』のなかで、歴史上に出現した様々なコミュニタスのあり方を考察している。

十三世紀のカトリック教会の聖フランシスコは、キリスト教の清貧思想の高度な実践をめざす仲間集団としてのコミュニタスを形成した。この集団の活動が、後の全ヨーロッパのカトリック教会の新しい組織的構造化をもたらした。

アフリカのザンビア北西部のンデンブ族は、世俗社会から隔絶された祖霊崇拝の儀礼を通じて、修練者のなかから村落の首長を擁立する。ンデンブ族の最高権威者を生み出す聖性の儀礼(イニシエーション)もコミュニタスの性質を有しており、ンデンブ族は、世俗の領域とコミュニタスが循環する社会を形成している。

『儀礼の過程』では触れられていないが、教会の堕落と変節への批判勢力として十六世紀に誕生したキリスト教のプロテスタント諸派も、ローマ教皇庁が主宰する既成の秩序的枠組みの外部に成立したコミュニタスだったといえる。

戦後のアジアに、各国の主権秩序の外側で、大東亜共栄圏という心理的連帯空間としてのコミュニタスが誕生したならば、その後のアジアにはどのような現象が起こっただろう。

日露戦争後の日本に、祖国の独立を夢見るアジア中の若者が留学生として来日したように、日本の内在力に刮目した様々な立場のアジア人が日本を訪れただろう。日本国内はこの人々を繋ぐハブとなり、日本の文化を祖国に持ち帰ったこの人々は、アジア全体に新しい人流を生み出す。日本人も新たな自己実現の機会を広くアジアに求め、地域間交流はもちろん、婚姻を含めた諸個人の濃密な繋がりも促進されたのではないか。

様々な精神が国境を越えて交ざりあい、人の心が多層化し、アジア全体をアジア人の共生空間とする認識が何世代にもわたって共有されたならば、いつの日か、人々の意識は大きく変容した可能性がある。

人は、生まれ故郷に素朴に郷土愛を抱く。同時に、母国にも愛着をもつ。愛郷心と愛国心は、一人の人間の心裡に矛盾なく同居する。

アジアの人々を、この意識のもっと拡大した境地へ誘ったかもしれない。

たとえば一人の日本人のうちに、生まれ故郷の国として日本を愛しながら、一人のアジア人として、アジア全体も愛するといった新境地に。

アジアの国々はその時、従来の主権国家、国民国家という政治的、法的な性格をかぎりなく薄め、情緒的共同体として再定義される。

この状態はもはや、近代世界のあり方を超えた、何ものかとはいえないだろうか。

大東亜共栄圏というコミュニタスの形成と存続には、各国の内部に、国民の諸権利を保障する市民社会が成立していることが前提といえるのかもしれない。

市民社会を抑圧する軍事独裁国家や、ソ連の属領的な共産主義国家がアジアに誕生すれば、大東亜共栄圏の範囲は限定される。そのような国々との確執が、アジア人を自国の主権国家の枠内に逼塞させ、大東亜共栄圏を解消に向かわせるのかもしれない。逆に、大東亜共栄圏の連帯の機能が、独裁国家による国家主義の発現を抑止することも考えられる。

コミュニタスとしての大東亜共栄圏は、やがて法的実装が施され、アジア全体に跨る政治合議体となったかもしれない。その場合の国家連合化は、石原莞爾が構想した、東亜連盟の結成としてイメージしたい。

大東亜戦争には、アジア解放戦争の一面があったといわれる。

たしかに大東亜戦争は、アジアの地図を一変する巨大なエネルギー現象となった。いつか長い時間を経て、ミクロの因縁を語る声が鎮まった時、大航海時代以来の五百年の白人支配の歴史に終止符を打った戦争として、世界史に定位される日がくるのかもしれない。

だが、二〇一七年の現在を生きる私には、アジア諸国の解放は、日本人によるもっと能動的な実現が志されるべきであったし、それは不可能なことではなかったという思いが強い。

人間の営為である歴史には、光と影のおびただしい錯綜がある。すべての事象を丸のみで受け入れた上で、私は、大東亜戦争は近代帝国主義戦争に収斂したと考えているし、日本人がアジアの人々に与えた傷みにこそ、敏感でありたいと思っている。

この国の瑞々しい始源の時間と豊穣な歴史を繙いたならば、日本人は大東亜戦争にのぞむ心持ちも、戦い方もわかりえたはずだった。父祖たちは、かけがえのない国体を、自ら損なってしまった。この痛恨事こそ、後世の私たちは語り継ぐべきではないだろうか。その厳しい内省の声は、国体を悠久に逆照射することになる。

亡国の戦争を招来した指導者たちは、戦後七十年間、断罪されてきた。

重要局面の国策決定に関わった総理大臣、重臣、軍人には、巨万の国民の生命を失わせ、国を誤らせた重責がたしかにある。

その責を「万死に値する」といわれたこの人々は、戦後、文字通り「死につづけてきた」。七十年もの間、戦争に関する議論のたびに、顔と名前を公にされ、その営為を弾劾されてきた。この人たちの名誉は、その都度、死につづけてきた。遺族や子孫の方々も、戦後、筆舌に尽くし難い苦しみを生きてきた。

すべてを含め、もう「万死」したのではないか。

歴史は、年を追って発掘される新しい史料をもとに、様々な人の手で検証が重ねられていく。国土が灰燼に帰した戦争の歴史ならば、なおのことそれはくりかえされねばならない。亡国を導いた人々の名誉は、これからも死につづけていく。このような歴史叙述をしている私も、そのことに加担している。

この人々の営為を、罪として糾弾するだけでなく、同じ日本人の受けた痛みとして、語ることはできないだろうか。そのような言葉や表現を探し、紡ぐことも、後世の同じ日本人にしかできないという思いが私にはある。

私たちも、将来世代の日本人から審判を受ける立場にある。いつの日か、私たちがまったく予期しない観点から、平成という時代が断罪される可能性は誰にも否定できない。

人は、時代の制約と限界の中で、誰もが、今をよく生きたいと願って生きている。

戦争を肯定した昭和の日本人も、平成を生きている私たちも、そのことに何も変わりはない。

かけがえのないうちなるもの

今、日本では、在日韓国人、朝鮮人へのヘイトスピーチなるものが、一部の人々の間で横行している。

戦前に、日本の統治の結果として、朝鮮での生活が困窮し、仕事を求めて日本へやってきた朝鮮半島出身者は、二百万人といわれている。戦後、七十万もの人が、混乱のつづく朝鮮半島に帰還できず、特別永住者として留まった。この人々は戦後の日本で、どれほどのアイデンティティの分裂に苛まれながら生きてきただろう。

日本人は、かつての帝国の遺産である、在日といわれる朝鮮半島出身者たちと、戦後のこの国でいかに共生していくかについて、真摯に考えてきただろうか。この人々の存在に対し、一貫して思考停止してきたのではないか。そのような戦後の日本人に、生活圏を共にしている上での軋轢がいかにあろうと、この人々に「日本が気に入らないのならば朝鮮半島へ帰れ」などという資格はない。

天皇を神格化する戦前の皇国史観から一転して、戦後は、皇祖の神話を起源とするこの国の歴史は公教育の場で教えられなくなった。国体を損なったのが戦前の日本人ならば、国体を忘れようとしたのが戦後の日本人なのだと思う。

大東亜戦争の凄惨な加害の事実を直視し、深い反省をすることと、日本人の拠って立つ心の基盤を忘却することとは、別の話ではないだろうか。

この国の戦前と戦後は、極端な右から極端な左に振れただけだとよくいわれる。禁忌とされる価値観が真逆になっただけの、中庸とバランスを欠いていることにおいて、何も変わらない国情が今も瀰漫しているのだとしたら、由々しきことだと思う。反動は、時が経てばまた真逆に振れてしまうだけだ。

戦後は、軍事に類することを公に語ることが忌避されるようになった。現在の日本は、三つの隣国が核保有国という、世界でも有数の過酷な安全保障環境下にある。だが、国防などというものを論じること自体が不穏当であり、そのような議論を積極的に行う者こそ戦争推進論者であるとするデマゴギーは、今日のこの国に容易にはびこっている。

戦前は「神州不滅の日本」の不敗神話が巷間で猖獗をきわめた。日本は神の国なのだから戦争に負けるはずはないと、信仰のように語られた。高位の軍人のなかにも、戦争はやってみなければわからない、戦争は負けたと思った方が負けだ、と嘯（うそぶ）く者があった。

現実を直視せず、希望的観測に縋っているだけであることにおいて、両者は何が違うのだろうか。「好戦」が「反戦」に変わっただけの、戦前と同様の非理性的な情念の横溢のようなものが、今もこの国の存立を脅かしてはいないだろうか。

最悪の事態から目を背け、理想だけを唱え、後は思考停止する。これが今の日本人の態度なのだとしたら、私たちは戦前の日本人と何が変わったのだろう。巷間にいわれる戦後の長い左傾化の時間とは何だったのだろうか。

左翼思想とは、人間は理性の働きによって、絶えざる進歩を志向できるとする思想だ。

今日の合理的思惟と科学万能の世界のあり方も、私たちが尊ぶ、自由、平等、人権などの価値観も、理性という人間の叡智が生み出したものだ。

人間は誰もが「尊厳ある個人」であり、あらゆる抑圧や支配から個人を解放した世界を実現することが左翼思想の理想とするところだが、ヨーロッパ近代に生まれた概念としての「尊厳ある個人」とは、公共心に溢れ、物事の成否を自ずから判断できる「自立した個人」のことだ。人は誰もが自らの可能性を自由に追求し、様々な自己実現の機会を得たいものなのだと思う。だからこそ、道徳心は個々人が主体的に自らの内に育まなければいけない。個人には、自由を謳歌する権利とともに、社会に対する重い責任があるというのが、左翼思想の基底をなしている。

一方で、人間は過ちをおかす生き物であり、人間の理性には限界がある、長い時の風雪を耐えて今に伝わる伝統や慣習のなかにこそ真理は息づくとみなすのが、右翼思想だ。

左右の思想は、その先鋭性を緩和した表現として、リベラルや保守などとも称されるが、このような言葉の言い換えは本質的なことではない。二つの思想は、どちらに軸足を置くかの違いはあっても、取捨択一をするという話ではない。共に大切な、車の両輪のようなものだ。

人間の欲求を承認し、それにともなう人格の陶冶（とうや）までも理想化した市民革命、理性の涵養による科学革命、機械化による大量生産を可能にした産業革命。これらを実現した西洋世界に、私は惜しみない賛辞を贈りたい。

規制による制御は必須だが、産業の展開と市場経済を結合した資本主義は、創造的で豊かな物質社会を築きあげた。完璧な政治制度は存在しなくとも、それでもデモクラシーは、――人間に自分が過ちやすく脆弱な存在であることを自覚させる（『なぜヨーロッパで資本主義が生まれたか』関曠野　NTT出版二〇一六）――唯一の体制として、望ましいのだと思う。

これら西洋発の所産は、国や地域ごとに包摂の度合の差は当然あるが、もはや人類の公共財というべきものであり、西洋文明とも切り離された近代普遍文明なのだ。西洋固有の文明とは、古代ギリシャやローマの知的遺産、ヨーロッパ諸語、ローマ帝国の国教となって以降のキリスト教のことだ。

かつて吉野作造が大日本帝国憲法から民本主義を抽出したように、西洋発の近代思想を国体との整合において受容しようとしたのが、この国の大正デモクラシー期だった。戦後のデモクラシーの再受容期は、ナショナリズムや国粋主義への反動として推進された感はたしかに強い。

だが、私たちは、西洋由来の民主主義、自由、平等、人権という価値観に馴れ親しんでいる今日の状況を、戦前の日本人が対外危機の高まりのなかで危惧したような、日本人の西洋化などと意識していることだろうか。私たちは、自らを西洋人の亜種になったとは考えていないし、どこまでも日本人という自己規定しかもちあわせていないのではないか。

このことはとても示唆的なことで、憲法についてもいえる。

現在の日本国憲法は、外国の軍隊の占領下で、日本が主権を喪失していた時期につくられたものであり、制定プロセスに明らかな瑕疵がある。国家の最高法規である憲法は、ましてそれが近代憲法ならば、たとえ現憲法を一言一句踏襲するとしても、国家が主権を回復した状態で、国民自身の手で制定し直さなければいけない。国家の最高法規である憲法に正統性を与えるというのはそういうことだ。

だが、現在の憲法が、どこまでも日本人の生理に反したアメリカニズムの所産でしかなかったのだとしたら、私たちはこの憲法をとうに拒絶しているはずだし、そのような国民的な反発が戦後七十年間、起こってこなかったことの方が重要のように思う。

すべては、私たちの内にある、根源的な力の作用が、この状況をつくり出しているのではないか。私たちは自らの胸臆に、西洋発の近代思想を、平和の理念を内包した現在の日本国憲法の如何を、無意識に問い、排斥するものではないという返答を得ているのだ。

戦後の日本人は、自らの内にある、この根源的な力を、見つめようとせず、語ろうとしてこなかった。

今も私たちに具（そな）わり、私たちの日々の生活を彩りつづけているものの内実を、もっと率直に言葉にし、表現すべきなのではないか。

そのような言論空間がこの国にひらかれたならば、たとえば、九条の是非ばかりが争点となる憲法の改定論議も、もっとそれ以前の、日本の伝統的な憲法といわれる、聖徳太子の「十七条憲法」、鎌倉時代の「御成敗式目」、江戸時代の「禁中並公家諸法度」と、近代憲法との違いは何か、私たちが今もつべきふさわしい憲法は何かといった、憲法に関するもっと本質的な議論が私たちはできるようになる。

アンケート調査で、四割弱もの国民が「よくわからない」と回答する、女系天皇の是非をめぐる皇位継承の問題も、積極的な国民的議論が可能になると思う。

差別はなぜいけないのかという問いに対しても、ジェンダーやダイバーシティという言葉を使わなくても、「和」と「大和」というこの国の伝統的価値観が、それを強く否定しているからだとすぐにわかる。

そして天皇皇后両陛下が、私たち国民の幸福を日々お祈りくださっているのは、なぜなのかということも、ただ深い感謝とともにすべてわかる。

三百十万人の国民が亡くなり、アジアに未曾有の惨禍をもたらした大東亜戦争は、戦後くりかえし論じられてきた。

これからも、何度でも顧みなければいけない。

大東亜戦争のあやまちは、忘れてはならない。

同時に、人類史の新たな扉をひらくことができたかもしれない、可能性としての大東亜戦争を想像し、語ることも、けして無意味なことではないとの思いから、私はここまで本稿を綴ってきた。

なぜなら、国体は、今も私たちのなかに息づいているのだから。

舞鶴のかわいい人

五条海岸を後にし、碁盤目の通りを駅に向かった。

辻を気ままに折れているうちに、いつしか雨は上がっていた。

とある家の軒先に、おばあさんが膝を折って腰かけていた。

目があったので、こんにちは、と挨拶をすると、おばあさんは小さく頷き、ご自分の右側を手でポンポンと叩く仕種をした。ここに座れということらしい。

招かれた私は、おばあさんの隣に同じように膝を抱えて座った。

おばあさんは何もいわずに、柔らかい眼差しを私に向けた。

話を促されているように感じ、ちょっと見ていただきたいんですけど、と先ほど買った「舞鶴鎮守府艦名地図」を自分とおばあさんの膝の上に広げた。

あの、昔、ここに温泉があったんですか。

浮島神社の隣にある「浮島温泉」の文字を差してたずねた。私の「新舞鶴市街図」には記載のないこの温泉の表記が気になっていたのだ。

おばあさんは地図に顔を近づけた。

ここはずっと前に広場があったけどね。

今、この辺りにホテルが立ってるんですよ。隣がお蕎麦屋さんで。

ああ、お蕎麦屋さんもあったんかな。

この神社は今もありましたけど、隣に浮島温泉って書いてあるのが気になって。昔は温泉があったのかなって。

と、おばあさんはにわかに破顔した。

ああ、よく行ったわここ！　温泉いうかね、何か入れて、いろんなの入れて、温泉ですよって。

銭湯だったんですか。

そう銭湯やな。友達と温泉行ってくるいうて、お金もろて。楽しみやってん、懐かしわ。

それはいつ頃のことですか。

昔。

戦後ですか。

戦後やね。

私は目の前の通りを指差した。

この通りは高千穂通りですよね。うん、高千穂通り、とおばあさん。

地図には高千穂通りのすぐ近くにも銭湯の表記がある。

ここの銭湯にもよく行かれたんですか。

おばあさんは私が差した場所を覗き込んだ。

そこは知らんね。

海風が、軒先を掠めて吹きめぐる。おばあさんはこの風を、どれほどの歳月、浴びてきたのだろう。

ずっと舞鶴の方ですか。

そう、舞鶴。

東舞鶴は昔、新舞鶴っていったんですよね。

おばあさんは微笑み、何度も頷いた。

そう新舞鶴っていったね。もう昔のこと知ってる人おらんから。

もっと話したかった。かわいらしいこの方の隣で、一緒に膝を折って、座っていたかった。

お話ありがとうございました、行きますね。

列車の時間が迫っていた。

どっからきんしゃった。

東京です。

はあ！　ようきんしゃったな、気いつけてね。

ありがとうございます、お元気で。

高千穂通りを歩きながらスマホを覗くと、福知山行きの列車の出る八分前だった。

小走りで駅へ向かう。定刻の二分前に着き、二番線に停まっていた列車に乗り込んだ。

またいつか。今度は冬にでも。

四日間の旅で、私を、この国の遙かしい時空へ誘ってくれた舞鶴に、ほんとうにありがとう、と感謝した。

和暦	西暦	
嘉永六年	一八五三年	ペリー来航
七	一八五四	日米和親条約
安政五	一八五八	日米修好通商条約
慶応三	一八六七	大政奉還　王政復古の大号令
慶応四	一八六八	戊辰戦争（～六九）　開国和親の表明　五箇条の御誓文
明治二	一八六九	版籍奉還
明治四	一八七一	廃藩置県　解放令　岩倉使節団出発（条約改正交渉不調）
五	一八七二	学制　太陽暦　福沢諭吉『学問のすゝめ　初編』公刊
六	一八七三	徴兵令　地租改正令
七	一八七四	民撰議院設立建白書（明治十年代より自由民権運動興隆）
八	一八七五	江華島事件
九	一八七六	日朝修好条規（朝鮮と近代的国交樹立）
十五	一八八二	朝鮮で壬午の軍乱　軍人勅諭　条約改正予議会
十六	一八八三	鹿鳴館建設
十七	一八八四	朝鮮で甲申の政変

十九	一八八六	ノルマントン号事件　条約改正会議
二十	一八八七	条約改正会議延期（井上馨外相、交渉に失敗）
二十二	一八八九	大日本帝国憲法発布
二十三	一八九〇	第一回衆議院選挙　第一回帝国議会　教育勅語
二十七	一八九四	日英通商航海条約（陸奥宗光外相、英国他十四ヶ国との領事裁判権撤廃、関税自主権の一部回復交渉に成功）　日清戦争
二十八	一八九五	下関条約　三国干渉
三十四	一九〇一	舞鶴軍港竣工　海軍舞鶴鎮守府開庁　舞鶴造船廠創設
三十五	一九〇二	日英同盟
三十六	一九〇三	舞鶴造船廠、舞鶴海軍工廠へ改編
三十七	一九〇四	日露戦争（〜〇五）
三十八	一九〇五	日本海海戦に勝利　ポーツマス条約
四十	一九〇七	帝国国防方針
四十三	一九一〇	韓国併合ニ関スル条約（韓国併合）
四十四	一九一一	日米通商航海条約（小村寿太郎外相、米国との関税自主権回復交渉、他の列国とも同様の交渉に成功、不平等条約の完全改正）
大正三	一九一四	第一次世界大戦（〜一八）
四	一九一五	対支二十一ヶ条要求

五	一九一六	吉野作造『憲政の本義を説いて其有終の美を済すの途を論ず』発表
七	一九一八	米騒動　原敬政党内閣
八	一九一九	朝鮮で三・一独立運動
十一	一九二二	ワシントン海軍軍縮条約　九ヶ国条約（中国の領土保全、門戸開放）
十二	一九二三	舞鶴鎮守府、要港部へ、舞鶴工廠、工作部へ降格
十四	一九二五	治安維持法　普通選挙法
昭和四	一九二九	世界恐慌
五	一九三〇	ロンドン海軍軍縮条約　昭和恐慌
六	一九三一	満洲事変
七	一九三二	満洲国建国　五・一五事件（政党内閣終焉）
八	一九三三	国際連盟脱退　塘沽停戦協定
十	一九三五	天皇機関説事件　国体明徴声明
十一	一九三六	二・二六事件　舞鶴工作部、工廠へ昇格
十二	一九三七	盧溝橋事件（支那事変～四五）『國體の本義』公刊
十三	一九三八	国家総動員法　新舞鶴町と中舞鶴町が統合され東舞鶴市に　舞鶴町も舞鶴市に
十四	一九三九	東亜連盟協会（十六年に東亜連盟同志会に改組）　舞鶴要港部、鎮守府へ昇格
十五	一九四〇	日独伊三国軍事同盟　大政翼賛会

十六	一九四一	治安維持法第三次改定　日ソ中立条約　大東亜戦争（～四五）
十八	一九四三	東舞鶴市と舞鶴市が合併し、舞鶴市に
二十	一九四五	広島、長崎に原爆投下　ポツダム宣言（降伏）　満洲国解体（皇帝溥儀退位）　治安維持法廃止　陸海軍廃止　復員・引揚開始
二十一	一九四六	東亜連盟同志会解散　日本国憲法公布
三十三	一九五八	舞鶴地方引揚援護局閉局

〈著者紹介〉
中村亮太（なかむら りょうた）
1972年。東京生まれ。

時、見遙かして　舞鶴紀行

2025年2月26日　第1刷発行

著　者　　中村亮太
発行人　　久保田貴幸

発行元　　株式会社 幻冬舎メディアコンサルティング
〒151-0051　東京都渋谷区千駄ヶ谷4-9-7
電話　03-5411-6440（編集）

発売元　　株式会社 幻冬舎
〒151-0051　東京都渋谷区千駄ヶ谷4-9-7
電話　03-5411-6222（営業）

印刷・製本　中央精版印刷株式会社
装　丁　　弓田和則

検印廃止

Printed in Japan
ISBN 978-4-344-94953-9 C0095
幻冬舎メディアコンサルティングＨＰ
https://www.gentosha-mc.com/